汪安迪 —— 著

中国商业出版社

图书在版编目（CIP）数据

社交简史 / 汪安迪著 . -- 北京：中国商业出版社, 2018.2
ISBN 978-7-5208-0199-7

Ⅰ. ①社… Ⅱ. ①汪… Ⅲ. ①人际关系学 Ⅳ.
① C912.11

中国版本图书馆 CIP 数据核字（2018）第 015853 号

责任编辑：朱丽丽

中国商业出版社出版发行
（100053 北京广安门内报国寺 1 号）
010-63180647 www.c-cbook.com
新华书店经销
天津中印联印务有限公司印制
*
720 毫米 ×1000 毫米 1/16 开 16 印张 200 千字
2018 年 12 月第 1 版 2018 年 12 月第 1 次印刷
定价：58.00 元
****
（如有印装质量问题可更换）

前言

如果我说孔子是最早的自媒体，肯定有人不信。

但是你看，他将自己的观点与理念讲给弟子与君王听，不就像现在的自媒体，一切以粉丝量为诉求，以影响行业大佬为硬指标？其《论语》，不仅互动性强，注重口碑传播，而且自带打赏功能！

如果我说苏东坡是北宋大V流量王，你信，还是不信？

不管你信不信，这是事实。在苏东坡有生之年，他就已经聚集起一班真爱粉，跟随其足迹，搜罗其诗文，到处传播。

如果我说白居易是刷屏狂魔，刘禹锡是史上最牛管理员，乾隆是弹幕王，陆小曼是民国网红……你可能已经意识到，现代人乐此不疲的很多社交花样，如互动、粉丝、社群、口碑、打赏，古人全都玩过，目前，它们不过是以全新的方式回归而已。身处大众传媒时代，学历是铜牌，能力是银牌，人脉是金牌，社交是金牌中的王牌。因为社交不得法，或者社交无力，学历得不到体现，能力得不到彰显，人脉总是与之擦肩！君不见，纵使白居易、刘禹锡等既有才识，又有德名，也每每为社交小事官场蹭蹬？以刘禹锡为例，刚被复用，一首小诗，"种桃道士归何处？前度刘郎今又来！"题罢，就再度被贬。我们固然应该学习其陋室精神，乐观豁达，刚正不阿，但是想想，若能处理好类似"小事"，在恰当的岗位上多做些造福百姓的事情，岂不更好？干吗非要把大好位置拱手相让于那些我们鄙视的人！

社交简史

细数人生百十载，目标各不同，但都要追求自己的人生价值。要成就一番事业，需要的条件很多，社交看似不太重要，以致被当作只能锦上添花，不能雪中送炭的辅助能力。实际上完全不是这样，社交本身不仅是一种能力，而且是非常重要、不可或缺的一种能力。说简单点，一个人可能素质过硬，有无与伦比的核心竞争力，比如李白，但若社交失当，即便能登上最高峰，最终也得把自己带进沟中。反过来说，有些人可能没那么聪明，没那么多灵性，比如曾国藩，因为玩转了社交，结硬寨、打呆仗，也成就了不世之功。社交不等同于人生的最高峰，但它相当于登山者的登山杖，不可或缺。

在过去的岁月中，我也曾吃过这方面的亏。而现在，如果说我还称得上有点成绩的话，那么全都是社交的赐予。我曾经遍读史书，也曾经拜访过全球范围内 200 多位各行各业的精英与领袖，其中不乏国外政界的总统和总理，商界精英中包括许多世界 500 强企业的总裁，以及学术界的诺贝尔奖获得者，世界名校的校长等。通过理论联系实际，我总结出了一套有效的方法，能够也确实帮到了很多人，快速掌握社交要诀，进而建立自己的人脉网络，为自己打造一张终身受用、蒸蒸日上的人际关系网。

生活总是那么实在，这本书也立足实在，致力于让阅读者掌握实实在在的社交的道与术，从容应对竞争路上的各种比拼，顺势借力，八面来风，步步为营，笑到最后。

汪安迪

2018 年 3 月于北京

目录

序章

1. 人类的进化史就是社交的发展史 / 2
2. 历史的拐点就是社交的拐点 / 4
3. 提高社交的能力就是拓宽生存的空间 / 7

第一部分 追本溯源,以利与时俱进

Chapter 1 社交的产生及其发展 / 13

社交,源于数万年前的协作 / 14
语言的出现及其在社交中的作用 / 16
社交变成了人类的根本性需求 / 17
文字的出现及其在社交中的作用 / 18
电报机的发明与信息传播 / 20
互联网的诞生与信息交互 / 23

Chapter 2 中国古代社交发展简史 / 25

先秦时期的交友之道 / 26
孔子是最早的自媒体 / 28
秦汉时期的社交:"五伦"关系 / 29
魏晋南北朝时期的交际风尚 / 31

　　　　唐代的社交广告：题壁诗 / 33

　　　　宋词与宋代的社交 / 34

　　　　明清时期的人际关系——家训对家庭人际关系的期许 / 38

　　　　"五四"运动时期的男女社交公开 / 43

　Chapter 3　中国社交网络发展历程 / 45

　　　　早期社交网络雏形 BBS 时代 / 46

　　　　娱乐化社交网络时代 / 47

　　　　微信息社交网络时代 / 48

　　　　垂直社交网络应用时代 / 50

第二部分　塑造和包装自己——社交的前提

　Chapter 4　社交的前提是自我形象设计 / 55

　　　　不利于社交的十大个性特征 / 56

　　　　精气神是构建社交人脉的基石 / 57

　　　　先"知己"，才有社交 / 59

　　　　社交无处不在 / 61

　　　　如何选择社交圈 / 63

　　　　社交中自我完善的三大原则 / 64

　　　　社交中人脉价值的衡量标准 / 66

　　　　社交中的第一印象效应 / 67

　　　　社交中人格魅力的来源 / 68

　　　　社交的秘诀是分享快乐 / 70

　Chapter 5　社交的本质是相互需求 / 73

　　　　社交中的"求向求同"心理与"求异"心理 / 74

　　　　同性相吸，异性相斥 / 76

　　　　社交的核心是被需要 / 78

界定合适的社交对象范围 / 80
社交不能看重钱财 / 82
社交要求给人带来愉悦感和满足感 / 84
你的强项是你的社交标签 / 85
社交中慎用"免费" / 87
关注那些急需帮助的人 / 89
穷人打造社交圈的思路 / 90

Chapter 6　社交的过程是修补短板 / 93

修缮品格与德行的短板 / 94
摒弃自卑，走出社交困境 / 96
提升气质，成就社交达人 / 97
冲破环境壁垒，造就更广的社交圈 / 99
正确定义自己的位置，收获成功的社交圈 / 100
理性看待身世问题，打造理想的社交圈 / 102
善理财的朋友让你的社交圈更"富有" / 104
突破自我，让自己的社交圈"活"起来 / 106
压力转化为动力，得到你想要的社交圈 / 107
转变思路，补足社交短板 / 109

Chapter 7　社交要求视情况进行自我完善 / 111

社交要求一：不善言谈，成就彼此 / 112
社交要求二：不能样样占全，只能扬长避短 / 114
社交要求三：掌握各种社交原则 / 115
社交要求四：保持平和的心态 / 117
社交要求五：世事洞明，不忘初心 / 119
社交要求六：创建和经营自己的优势 / 121
社交要求七：求同存异，灵活变通 / 123
社交要求八：充满诚意和信任的交往牢不可破 / 125
社交要求九：适当地保持自己的特色 / 126

社交要求十：正视自己的短板 / 128

第三部分　构建四通八达的社交网络

Chapter 8　建立人际档案，制定社交方案 / 133

缔结强大的社交关系网 / 134

有目的地搭建社交圈 / 136

社交既要理性，也要感性 / 137

社交的前提是完善自己 / 139

搭建社交圈的两大技巧 / 141

社交中的守卑哲学与守弱哲学 / 143

将社交圈进行分区管理 / 144

"套牢"社交圈里的优质朋友 / 146

交往中给自己留有余地 / 148

尽早改造不良个性 / 150

Chapter 9　构建社交圈必须付诸行动 / 153

开始行动，你就成功了一半 / 154

行动讲究天时、地利与人和 / 155

充分利用网络社交平台 / 157

避免做无用功 / 158

真诚是构建社交圈的唯一法门 / 159

融入彼此的社交圈 / 161

社交切忌性急 / 162

人际交往中的二八定律 / 164

不把情绪带到社交中 / 166

社交中的聊天技巧 / 167

Chapter 10　社交无小事，凡事动脑子 / 171

社交中最好的营销是"软营销" / 172

社交中的品牌效应 / 173

社交中的大智若愚 / 175

知彼知己，百战不殆 / 176

社交中的言辞要适度 / 178

与社交牛人交往的技巧 / 180

端正心态，摆正位置 / 182

社交切忌喋喋不休、牢骚满腹 / 183

人际交往要低调行事 / 185

人际交往中的消费策略 / 186

第四部分　保持活性，打造共性

Chapter 11　社交的成本与收益 / 191

社交中的说话艺术 / 192

社交也要量力而行 / 193

社交中的阶段性总结与完善 / 195

社交中如何让自己的资金发挥最大的作用 / 196

社交中如何做到善交益友 / 198

社交中说好话的重要性 / 200

社交中不求事事完美，只求心理平衡 / 201

社交中帮助别人，要量力而行 / 203

互相帮助成就完美社交 / 205

社交中的运筹学与控制论 / 206

Chapter 12　让社交圈富有活性 / 209

社交中的共赢原则 / 210

定期清理自己的社交圈 / 211
社交圈要隔绝自私自利的人 / 212
社交圈要摒除让你长期郁闷的人 / 214
社交中要警惕搬弄事非的人 / 216
社交圈要远离只知索取的人 / 217
社交圈的构建标准 / 219
正视人性的多样与复杂 / 220
利益是社交圈长远发展的黏合剂 / 222
构建社交圈需要顾全大局 / 223

Chapter 13　维持社交圈的稳定 / 227

社交圈吸收陌生人的方法 / 228
社交圈中可以有分歧，但不要伤情分 / 229
冷静对待社交圈中的争执 / 231
社交中可以被动，不能被控 / 232
社交中用事实说话，用实力说话 / 234
社交中要时刻保持冷静 / 235
社交中不失时机的妥协策略 / 237
社交中的信任不等于轻信 / 239
社交是一种修行 / 240
人情练达即文章 / 242

后　记 / 244

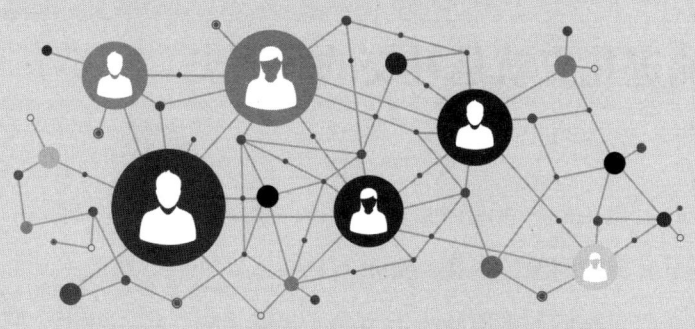

序　章

1.人类的进化史就是社交的发展史

智人，这是我们人类的标准称呼。顾名思义，智人就是有智慧的人。这是相对于那些没有智慧的原始人类，如尼安德特人、能人、直立人等而言的。乍看上去，尼安德特人等原始人类也是人类的祖先，但实际上，它们是现代人祖先的近亲而非直系祖先，而且与智人之间还是你死我活的竞争对手。此外我们知道，当时地球上还存在着很多大型猛兽。那么，智人是凭什么胜出的呢？

有人说是直立行走，这显然不对。我们已经讲过，直立人是智人的竞争对手。所谓直立人，就是能直立行走的人。实际上，有着"人类的祖母"之称的著名的南方古猿——露西，以她为代表的古人类在300多万年前就会直立行走了。猴子、猩猩、熊等动物也可以在短时间内直立行走。天生两条腿的鸟类自然也会直立行走。露西的外形，跟大猩猩相比也差不了多少。假使我们遇见她，极有可能把她误认为大猩猩。换言之，直立行走并不能确保人类胜出。

也有人说是制造工具，其实大猩猩也能制造简单的工具，所以这一点同样说不过去。还有人说是用火，然而，直立人也会用火，而且是已知的最早的用火高手。此外，诸如拥有较大的大脑、学习能力很强等优势也不为智人所独有。经过深入研究，科学家认为，是语言让我们与众不同，最终脱颖而出。语言促进了社交，社交能拉近彼此距离，维系族群关系，促进信息、知识和经验的扩散与传承，更好地服务于生存与发展。

智人是怎么开展社交的呢？说出来大家可能会不信——八卦。八卦，指生活中非正式的、没根据的、荒诞的、不确定的消息或新闻。它看上去不靠谱，但却有利于团结。八卦，都是聊别人的八卦。大家交叉着聊聊别人的八卦，无形中就构建起一张复杂的社交信息网。这张网越庞大，后面的智人个体就越多，所代表的力量就越强，那些不能聊八卦的原始人类或野生动物，自然不是团结协作的智人的对手。另外，不要以为只有无所事事的人才喜欢八卦。历史学家们聚在一起，未必是在聊世界大战的起因。核物理学家们也不总是把原子和夸克挂在嘴边。更多的时候，他们谈论的都是哪位教授的妻子红杏出墙，哪位教授拿研究经费买了一辆豪车，哪位教授又在为当上院长搞小动作之类。这些文明世界的精英与最初的智人聊八卦的目的是一致的，那就是获取真相，免遭他人欺诈或被人占便宜。而我们以后再遇到喜欢八卦的人，首先要想到的不应该再是此人很无聊，而是这个人可能很有社交天分。或者说，他可能知道一些对你来说非常重要的信息。

社交当然不是人类的专利。很多动物，如人类的表亲黑猩猩，它们通常会几十只生活在一起，形成一个小族群，用人类的话说就是一个小社会。猩猩们彼此非常亲密，会一起打猎，共享食品，共同抵御外敌。族群有相应的阶层，地位最高的是首领，通常是一只强壮的雄性。它所到之处，所有成员都会低下头表示顺从。首领会努力维持族群和谐，会介入纷争、制止暴力。也会独占那些特别好的食物，并尽量占有所有母猩猩，不让那些地位太低的公猩猩交配。集团成员每天保持亲密接触，如拥抱、抚摸、接吻、理毛等。

在自然状态下，其成员一般不会超过20～50只，只有在极少数情况下才会超过100只。因为随着成员数量的增加，黑猩猩的族群秩序会发生动摇，最后造成族群分裂。智人因为有八卦能力，族群上限相对较大，但也不会超过 150 人。只要超过这个数字，成员之间就无法真正了解，就无法八卦所有组织成员的生活情形。现在，人类依然受益于这个神奇数字并受其制约。只要在 150 人以下，无论是社群、公司、网络社区还是军事单位，只要靠着大家的认同，就可以顺畅运作、和谐发展。有些小型家族企业，不需要董事会、执行官乃至会计人员，也能经营得有声有色。有些小型的军事组织，不需要相应的职称，也能打赢战争。一旦超过 150 人，事情就大不一样。这是很多原本颇有活力的家族企业在发展壮大到一定程度后，一再遭遇危机甚至悄然灭亡的原因。基于此，人们总结出了"150 法则"，并广泛运用，如某些通信运营商的 SIM 卡最初只能保存 150 个手机号，微软推出的聊天工具 MSN 也是一个 MSN 对应 150 个联系人。150 人也是我们保持有效社交的人数最大值。另外，如果你的亲密伙伴组织了一个超过 150 人的聚会，里面肯定有令你尴尬的人，不去为妙。

类似的例子还有很多，但归根结底一句话，社交是人类最大的优势，人类凭借着它从亘古洪荒中走出来，直至成为今天的全球霸主。就人类社会而言，那些社交能力较强的人一定程度上相对于周围的人也是一种优势。而你，应该成为这种人。

2.历史的拐点就是社交的拐点

最近读到一篇文章，名字叫作《如果乾隆有社交网络……》，那么，乾隆也是个活泼的大 V。如：乾隆在各名胜区题字是景点打卡；在名人字画上题字属于古代的弹幕；每天不厌其烦地写诗属于爆吧，水贴特别多，属下点赞不少，但是转发量很低；至于乾隆自诩的"十全武功"，应该是回复人家点名接龙，好几条都是硬凑的；以现代人的审美看，郎世宁所画的乾隆画像居然有点儿PS的感觉……

历史没有如果，只有残酷的教训。所谓社交，即社会上人与人的交际往来。乾隆虽贵为一国之君，也需要社交。只是其地位的特殊性导致了其社交心理障碍，或者说叫扭曲甚至变态，说白了就是高高在上，而不是建立在平等的基础之上。在他的老大帝国之中，仗盛世之余威，暂时还没有人敢反对他。但当对象换成英国人，当乾隆个人的社交行为上升为国家之间的社交行为——外交时，悲剧的导火索就此埋下，"三千年未有之大变局"的序幕就此拉开。

作为中华文明近代史上最大的拐点，晚清尤其是晚清的鸦片战争对中国文明进程的影响怎么说都不为过。惯常认为，清朝闭关锁国，事实上清朝的算盘打得很精明，也就是对自己有利的就开，对自己不利的才禁。就拿通商来说吧，英国与清朝的通商屡次受挫，在对华贸易中一直处于入超地位。中国的茶、丝等农产品在英国拥有很大市场，而英国工业产品在自然经济占统治地位的中国却得不到预期的畅销。为扭转这一局面，英国采取了走私鸦片的办法，诱使清朝百姓与士兵吸食成瘾，从而平衡国际贸易中的差额。资料显示，在乾隆中期，英国输入清朝的鸦片已达每年1000箱左右。但英国并不满足。我们不必美化侵略者，我们只是探讨一种可能性，即英国人也不排斥通过正常的贸易赚钱。

于是，1792年，英王乔治三世以给乾隆祝寿为名，派马戛尔尼勋爵率领近700人的庞大使团，航海近一年，辗转见到乾隆。大清君臣眼界狭隘，自鸣得意，满以为这是来归顺效忠的，不料这些"野蛮人"在国书中竟敢和天朝比肩，自称"兄弟和朋友"而不称"臣或奴才"，英使也不肯行三跪九叩大礼，甚至还提出要在中国开辟新贸易港口、租借岛屿、派遣常驻使节等。乾隆一口拒绝，让他们尽快回国。

平心而论，乾隆并不是庸人，要说他丝毫没有意识到自己技不如人，也不尽然。事实上，他对英船之高大，航行之迅捷颇为在意，并且在打发英国人离开后，连发谕旨，反复叮嘱官员们严防英国人报复。

乾隆也有其社交达人的一面，他连施三招，作为预防。

其一是略施恩惠，也就是小恩小惠，比如发挥他的特长，亲笔书写了几幅"福"字；二是展示武力，展示森严的"法度"（实为繁琐的礼仪），借此恫吓与威慑；三是严防死守，严禁中国人为洋人服务，违者处死。这三招，实际效果如何呢？

先说"略施恩惠"。既说是恩惠，那么显然还是高高在上的心态。史料记载，马戛尔尼一行人航行至大运河途中时，乾隆曾派人送给他一匣奶饼，以示怀柔。但是要求跪接、谢恩。马戛尔尼至少在一定程度上妥协了，所以他在当天的日记中怒火万丈："他们是否真的不明白，只需几艘英国战舰，便能消灭整个清朝海军？只需半个夏天，英国战舰便能摧毁中国沿海所有船只？"

再看"武力恫吓"。为了震慑英国人，清军在镇江举行了声势浩大的欢迎操演，也就是示威演习。结果没把对方吓到，反倒被人家看出了很多致命弱点，包括装备落后，城墙颓危，士卒不振，防务废弛。

至于严防死守，更属"掩耳盗铃"。马戛尔尼一行其实带来了当时最为先进的产品与技术，包括相关技术人员与学者，其中包括天文学家、物理学家丁维提，英国最新的蒸汽机、棉纺机、织布机，甚至还有一个热气球。社交是用来干什么的？网络上给它下了个定义：通过与别人进行交往和信息沟通，不断地丰富自己、发展自己、扩充自己。这本是千载难逢的学习机会，然而清廷一方面不屑一顾，另一方面自欺欺人，最终导致了四十多年后那场战争。这也从侧面提醒我们，社交这事儿，态度往往大于技巧。

战争是政治的延续。纵观全球历史，就连两次世界大战的爆发，也可归结为外交的失败。总结起来说，就是所有的历史拐点就是社交的拐点。国与国之间如此，人与人之间也一样。君不见，很多人由于社交不当，处理不好一些看似并不严重的小事，结果导致事态激化，踏上了不幸的拐点。反过来看，我们也不难发现一些积极正面的例子。很多人春风得意，扶摇直上，得遇贵人帮扶，领导栽培，只是因为在社交场上做到了恰到好处。在我们这本书中，我们少不了要提到很多历史上的真人真事，但它毕竟不是一本史学专著，所有历史事件的出现，都是为了提高读者诸君的社交实务而服务，而不是事件本身。

3. 提高社交的能力就是拓宽生存的空间

这个时代，这个话题，没有比脸谱创始人扎克伯格更好的例子了。作为史上最年轻的白手起家的亿万富豪，无法否认其巨大成功，但同样不可否认的是，扎克伯格是一个在社交方面乏善可陈的人。根据《纽约客》的描述，他聪明、自负、沉默、冷漠、没什么朋友，不善表达、不通世故、不被人理解也不太受欢迎，但有很强的控制欲。他将每个员工从 1 到 5 评为 5 级，如果有谁的评级是 1 或 2，很快就会被开除。因此，早期合作创始人和高管们陆续离开，在他们看来，扎克伯格是在按照价值利用他们，一旦无用就踢到一边。

一位高管这样描述他:"说话像机关枪一样,专注于某个话题,吐字又快又密。但是,一旦他觉得这个话题已说完,就会忽然堕入缄默。反过来,假如你的观念不够尖锐,不够有说服性,他会习惯性地抿起嘴唇,将视线转移到远方某个不可预知的点,这时他的表情看起来就像一位睥睨天下的罗马君主。"事实正是这样,有一次,在硅谷的电脑历史博物馆,扎克伯格应邀参加活动并发表演讲。在后台准备时,一位工作人员对他说:"你不怎么参加这种活动吧?"扎克伯格简短地说了一个"不"字,随后喝了口水,双眼放空,望向远处。和为数不多的几个朋友在一起他也这样,谈话的内容不甚吸引人时,他会走神,然后敷衍地说着"是,是"。有时候因为太过抽离,扎克伯格几乎会忘记回答别人问了半天的问题。用他们的话说,扎克伯格好像被编程过度的机器人。有时候,他说起话来像是个从遥远星球来的人,声音里面充满了距离感。有时候,他的语调中又充满了傲慢和轻视,有种屈尊俯就的感觉。连扎克伯格自己都承认,自己就是个"怪人"。

总之,除了在计算机方面的天分和执着,扎克伯格与成功或成熟的男人简直属于两个世界。这真是一个讽刺:每天全球有近6亿用户操着75种不同的语言在脸谱上浏览、评价、分享,但创立它并在幕后掌控着这一切的人,却是一个长期的社交障碍症疑似病人。网络上甚至还有一种说法:正是因为存在社交障碍,他才能为人类创造出一种新的社交方式。这么说来,社交障碍似乎不是什么坏事。

这显然是个笑话,而且不太好笑。我们应该看到——假设扎克伯格真的存在社交障碍的话——他是多么的渴望突破社交障碍啊!退一步讲,即便真的是社交障碍成就了扎克伯格,但扎克伯格却只有一个,因为社交障碍、社交恐惧、社交失当造成的失败者却有千千万。然而,当我们身边出现一个没有太多直观能力但社交能力不错的人时,人们却往往投以鄙夷的目光，不能正确看待。

其实，社交能力本身也是一种能力，而且是非常重要的能力。古往今来的大外交家们固然不必提了，生活中也不乏社会高手：大问题化小，小问题化了。难事好办，不难的事快办。任何场合都能如鱼得水，刚认识的人也能称兄道弟。当然，有高手就有庸手。有太多的人，公司没朋友，家人难交流，业务谈不成，恋爱没着落。平常不说话，说话就冷场。总想宅在家里，可有的时候又不得不参与社会交往，谁让人是社会动物呢？

社会交往无孔不入——即便你躲在家里，也会有收水电费的阿姨登门；你下楼领个快递，也会有大叔问你："又吃外卖啊？怎么不自己做饭呢？"回趟老家探探亲人，不用想肯定有人问你："年薪又涨了吗？"不会社交的人，最怕听到这样"突如其来的关心"。

有人会说，社交能力对大部分不从事公关行业的人来说，只是个附属技能。然而，这个附属技能却严重影响了很多人的正常生活。显然，它非但不是附属，而且不可或缺。

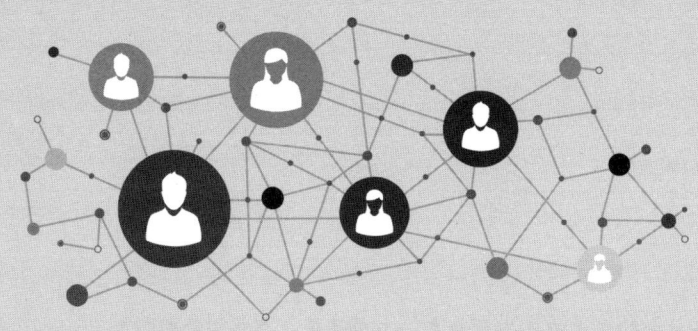

第一部分
追本溯源,以利与时俱进

人类社会的生产力、生产关系，上层建筑，意识形态的形成和发展，既离不开物质层面的文明，也离不开精神层面的社交。社交在人类逐步克服野蛮状态的历史过程中，改变了人们的主观世界和人与人之间的关系，并且使精神生产的理论成果，凝结成政治、法律、宗教、文艺、道德、哲学等意识形态的上层建筑。我们追本溯源探讨社交历史，就是为了与时俱进，使人类不断走上更高文明层次的社会。

Chapter 1

社交的产生及其发展

社交的本质是"共情"和"功利"。所谓共情,是指为了获得情感联结与情感体验,打发无聊,或是有共同的兴趣等而产生的社交行为。所谓功利,是指为了达成某一目的,或是从对方身上获得利益而产生的社交行为。事实上,人类社会历史的发展过程,就是共情和功利的社交过程。语言的产生、文字的发明,以及电报机与互联网的诞生,其出发点和目的都是为了共情和功利,不但表现出内容和形式在新陈代谢中由低级向高级演进、由野蛮状态向文明化上升,而且也使历史文明由地域的、民族的文明,走向世界性的普遍的文明。在语言、文字及新技术之下,每一次社交变革都是人类历史变革和社会进步的标志,都是人类文明发展的里程碑。这是人类历史上一个意味深长的巨变。

社交，源于数万年前的协作

数万年前，在非洲某处的一群黑猩猩中，有一只雌黑猩猩正在分娩。整个过程母子平安，雌黑猩猩喜得两个"千金"。但其中的一只看起来似乎总有那么点不同，无论是这位母亲还是当时地球上的任何物种都没意识到，这只看起来怪怪的小黑猩猩的子孙，在将来掀起了一场物种大灭绝，他们以令人惊叹的速度占领全球并打败一切有威胁的物种；他们通过改造自己的认知使自身的演化速度突破生物演化极限；他们改造遇到的一切，使自己居住的这颗星球的全貌发生了巨大改变……就这样，被称为"晚期智人"或"新人"的人类诞生了。

由于物资的匮乏，致使以采摘狩猎为主的智人不得不面临更为恶劣的自然环境，而且这个智人种族与其他大型动物族群相比又过于弱小，所以在相对紧张的生存条件下，智人不得不选择出走，到未知世界去寻求生存契机。然而更加残酷的事情是，当时地球上除非洲之外的大部分地区早已遍布其他人种，智人只能选择和这些人种争抢地盘，而战绩败多胜少。

就在智人种群近乎灭绝时，奇迹出现了：一种被后来人类称为"认知革命"的变革在智人种群中慢慢滋生。起因我们已经无从知晓，从现在推演来看应该是一场意外的突变，总之这场变革带来的显著特征是智人大脑中拥有了想象力。

不妨想象当时这样的一个情形：

一群智人在一起，有个人嘴里发出只有他们能听懂的声音，两手比划着，他的意思是说：森林中有神仙，能保佑我们，我们应该去找。这群智人相信了，于是带上石斧长矛，冲进林间。而当时比智人更强壮更聪明的尼安德特人（简称"尼人"），只有在狩猎时才会选择这种冒险行为，因为他们不会为了没影的神仙而甘冒生命危险，他们的脑结构不允许他们理解神仙这种想象。

从表面上看，智人的这种改变貌似是一种"作死"行为，弄了半天只学会了瞎扯。但现在的我们细想起来，当今人类社会的一切，包括宗教、科技、社会、经济、甚至国家和家庭，这些我们早就习以为常的概念的根本起源不都正是想象吗？没有想象，人类不会愿意相信以物换物；没有想象，人类不会为了相信某个神而发动战争；没有想象，古希腊数学家欧几里得甚至不会总结归纳出五大公理（等量间彼此相等，等量加等量和相等，等量减等量差相等，完全重合的东西是相等的，整体大于部分）；没有想象，你甚至不会相信努力工作一天会获得回报。总之，没有想象，人类的经济结构和社会组织都将彻底瓦解。

正是共同想象的存在，驱使智人开始并能够在更大范围为组织协作，他们愿意为了一个想象选择在危急时将后背交给素未谋面的同类。现在的考古发现也证明，在智人战胜尼安德特人的战役中，大部分是以绝对的人数优势而非更先进的工具使用。尼安德特人只会和同部落里的人协作，即便他们认识到百米外的部族被灭亡后自己也会受到灭顶之灾，也依然会选择袖手旁观，因为他们无法想象素不相识的人可以成为战斗伙伴。正是凭借更大规模的群体协作，智人打败了地球上的所有其他有力的竞争者而成为地球上唯一的霸主。

| 社交简史 |

语言的出现及其在社交中的作用

随着智人协作依赖程度的逐步加深，人类慢慢开始意识到仅凭单个个体已经无法生存。有了协作个体间开始出现了分工，有了分工致使单个个体不必再掌握所有的生存技能，从而使个体能力出现了递弱的趋势。然而，生存竞争度并没有降低周围野兽环伺的险恶程度，为了弥补逐渐降低的个体能力，人类又被迫选择更加依赖协同的力量，协同深度和广度都在飞速扩张，原有的手势和简单鸣啼交流显然无法满足信息承载的需求，因此演化个体能发出并保留更多意义的信息，语言最终出现了。总的来说，人类的劳动决定了产生语言的需要，同时劳动也决定了产生语言的可能。锻炼大脑，促进思维；手脚分工，直立行走，使得人类的发音器官得到改造，具备说话的能力。

语言是为了满足交际和交流思想的需要而在劳动过程中产生的。人类有语言，会说话，实在是一件了不起的大事。它是把人和其他动物区别开来的一个重要的标志。语言是人类最重要的交际工具。为了使这个交际工具充分发挥作用，人们还在语言基础之上建立了文字系统，这是一种最重要的辅助交际工具，诸如旗语、红绿灯、电报代码、数学符号、化学公式等，这些都是建立在语言基础上的辅助性交际工具。此外，身势等伴随动作是非语言的交际工具。当然，这些交际工具使用效率不高，很难与语言这种交际工具相提并论。

社交变成了人类的根本性需求

伴随着语言变革的出现,还出现了一些十分勇敢的个体,他们聪明、坚忍、勇敢且体格强健,并且意识到只有在协作中才会使个体的能力得以充分发挥。因为他们之中很多人看到了那些放弃协作而专注个体能力增强的人被淘汰了,只有协同才能抵御风险。这样一来,人类在心理上也开始逐渐演变。慢慢的,需要帮助和交流的意识开始如钢印一般烙在这个种群每个个体的记忆中,时光匆匆而逝,社交的需求终于演变成这个种群的根本需求。

人是群居动物,沟通也是一种本能,所以有社交需求。美国著名社会心理学家亚伯拉罕·马斯洛则进一步阐明了人类有社交需求,他认为社交是感情上的需要:一方面是友爱的需要,即人人都需要伙伴之间、同事之间的关系融洽或保持友谊和忠诚;另一方面,人人都希望得到爱情,希望爱别人,也渴望接受别人的爱。

社交需求是个人渴望得到家庭、团体、朋友、同事的关怀爱护理解,是对友情、信任、温暖、爱情的需要。自此社交成为了人类的根本性需求以后,整个人类文明从根本上来讲就是做好一件事:不断地提升沟通的速度和信息承载量,进而增强沟通效率。

文字的出现及其在社交中的作用

　　文字的产生是人类的一个历史性进步,至于最早的文字是什么时候产生的,这是一个一直争论不休的问题。到底是公元前3500年居住于"两河"(幼发拉底河和底格里斯河)流域地区的苏美尔人创造的,还是公元前16世纪至公元前11世纪中国商周时期的人创造的,这些问题都搞不清楚。最早的文字到底是楔形文字还是甲骨文,或者是埃及的象形文字,这些也都还不是很清楚。但是可以肯定的是,在语言出现以后,文字的出现仅仅花了很短的时间。

　　语言的产生,使得人类完全脱离动物界,从此走上独立发展的道路,这是人类发展过程中一件很了不起的事情。但是语言是通过口耳交际的,本质上是通过声音来实现交际过程。受到时空的限制,一方面不利于人类大脑的进化,另一方面阻碍了信息更远更广泛的传播,不利于大规模协作。因此,仅有语言的人类只能解决一些最基本的生活生产问题,而无法获得更长久的发展。于是,文字应运而生了。

　　在多人一起协作的过程中,无论从信息密度还是信息传播速度上,显然已经不是语言能够满足的了。从大脑功能来说,"超视距"这时已经成为了一个临界点,在这之前尚可通过口口相传达到信息交流,但临界点一旦出现,语言传播的边际受到了局限。于是,人类又一次站到了历史演化的十字路口:是降低协作规模以换取信息交流的通路还是寻求超语言的替代品？是生存还是毁灭？毫无疑问，这是一个严重的问题。

历史的发展总会让人类在绝望中看到希望，在必然中看到偶然。在当时，人们逐渐发现自己总是记不住一些事物，而大规模加深协作后又必须存储和处理信息。于是，一些能力相对强的部落发明了自己的方法。比如美索不达米亚平原南部的人发明了一套专为处理大量数字运算和存储的系统，即书写文字。起初文字由于过于简单只能被用来记录数字，但渐渐发现了这种记录方式的天然优势。它不仅可以突破语言传播信息的超视距瓶颈，更在纵向时间上有着惊人信息传播低损耗性和高负载性，于是开始将一切表达的信息都进行了符号标记，文字得以出现，更大规模的社交活动也得以进行。再如《易·系辞下》中说"上古结绳而治，后世圣人易之以书契"，这就是中国古人的"结绳记事"。事实上，结绳记事是那个时代非常先进的记录方式，一旦掌握方法，终生不会忘记，并不会因为时间一久就忘记某一个绳结的意义。

文字是在语言基础之上建立起来的一种最重要的辅助交际工具。其具体作用主要体现在两个方面：

一是表达，表达我们对于世界的认识。表达的内容至少有如下几个方面：①形态表达，视觉获得的认识是空间形态，还有色彩、味觉获得的认识，体表感觉获得的认识如温度，光滑等，所有这些可以由感觉器官直接获得的对于世界的认识；②抽象表达，比如规律、逻辑、轨迹、数学等，这些通过抽象思维而产生对世界的认识；③感悟表达，比如我们对世界的感受以及由此而生的情感与信仰。

二是流传。文字的目的还在于以其为媒体将其所表达的意义交流、传播等。比如中国古代"丝绸之路"所开辟的通商路径，毫无疑问也带来了东西方的交流。

电报机的发明与信息传播

由于需求社交和协作的意愿早已融入到人类血液中,因此不同文明彼此之间的交流变得迫切和必要。然而,人类因探索未知的进程受限于文字传播的速度而大打折扣,这时候如何提高信息传播的速度成为了首要问题。

据考,中国古代的商周时期人们就知道用烽火来远距离传递消息,大家最熟悉的就是"为博美人一笑,周幽王烽火戏诸侯"的故事。在国际电信联盟出版的《电话一百年》一书中提到,公元968年,中国人发明了一种叫"竹信"的东西,它被认为是今天电话的雏形。竹信是用竹篾制成雁的形状,中间夹着书信,也有的在竹木上直接刻上文字图案,传带或是通过其他方式给目标人。

虽然这些故事都反映了我们祖先的聪明才智,但是,要想了解近代电信科技的发展历史,我们还是得从欧洲说起。

1793年,法国查佩兄弟俩在巴黎和里尔之间架设了一条230公里长的接力方式传送信息的托架式线路。这是一种由16个信号塔组成的通信系统。信号机由信号员在下边通过绳子和滑轮,操纵支架的不同角度,表示相关的信息。当时,法国和奥地利正在作战,信号系统只用一个小时就把从奥军手中夺取埃斯河畔孔代的胜利消息传到巴黎。以后,比利时、荷兰、意大利、德国及俄国等也先后建立了这样的通信系统。据说查佩两兄弟是第一个使用"电报"这个词的人。

1832年,美国医生杰克逊在大西洋中航行的一艘邮船上,给旅客们讲电磁铁原理,旅客中41岁的美国画家塞缪尔·莫尔斯被深深地吸引住了。当时法国的信号机体系只能凭视力所及传讯数英里,莫尔斯梦想着用电流传输电磁信号,瞬息之间把消息传送到数千英里之外。莫尔斯从在电线中流动的电流在电线突然截止时会迸出火花这一事实得到启发:如果将电流截止片刻发出火花作为一种信号,电流接通而没有火花作为另一种信号,电流接通时间加长又作为一种信号,这三种信号组合起来,就可以代表全部的字母和数字,文字就可以通过电流在电线中传到远处了。1837年,莫尔斯终于设计出了著名的"莫尔斯电码",它是利用"点""划"和"间隔"的不同组合来表示字母、数字、标点和符号。1844年5月24日,在华盛顿国会大厦联邦最高法院会议厅里,莫尔斯亲手操纵着电报机,随着一连串的"点""划"信号的发出,远在64公里外的巴尔的摩城收到由"嘀""嗒"声组成的世界上第一份电报。

电报机的发明不仅改变了人类交互信息的方式,而且从根本上解决了文字信息的传播速度问题。这是人类信息史上划时代的创举。但久而久之,它不能满足人们的实际需要。因为发一份电报,需要先拟好电报稿,然后再译成电码,交报务员发送出去;对方报务员收到报文后,得先把电码译成文字,然后投送给收报人。这不仅手续繁多,而且不能及时地进行双向信息交流,要得到对方的回电,还需要等较长的时间。人们对电报的不满,于是又开始了新的探索。

1876年2月14日,美国发明家、企业家亚历山大·格拉汉姆·贝尔发明了电话,让语言这个交流工具第一次插上了光速的翅膀。其实在贝尔提出申请两小时之后,一个名叫E·格雷的人也申请了电话专利权。

最初,贝尔用电磁开关来形成一开一闭的脉冲信号,但对于声波这样高的频率，这个方法显然是行不通的。最后的成功源于一个偶然的发现，1875年6月2日，在一次试验中，他把金属片连接在电磁开关上，没想到在这种状态下，声音奇妙地变成了电流。分析原理，原来是由于金属片因声音而振动，在其相连的电磁开关线圈中产生了电流。现在看来，这个原理就是一个学过初中物理的学生也知道，但是那个时候这对于贝尔来说无疑是非常重要的发现。

格雷的设计原理与贝尔有所不同，是利用送话器内部液体的电阻变化，而受话器则与贝尔的完全相同。1877年，爱迪生又取得了发明碳粒送话器的专利。此外还有很多人对电话的工作方式进行了各种各样的改进。

1877年，也就是贝尔发明电话后的第二年，在波士顿设的第一条电话线路开通了。也就在这一年，有人第一次用电话给《波士顿环球报》发送了新闻消息，从此开始了公众使用电话的时代。贝尔先生当时无法知道，他发明的电话将标志着通信革命的开始。

电话发明后的几十年里，围绕着电话的经营、技术等问题，大量的专利被申请，斯特罗格（Strowger）的"自动拨号系统"减少了人工接线带来的种种问题，干电池的应用缩小了电话的体积，装载线圈的应用减少了长距离传输的信号损失。1906年，德 福雷斯特（Lee De Forest）发明了电子试管，它的扩音功能领导了电话服务的方向。后来贝尔电话实验室据此制成了电子三极管，这项研究具有重大意义。1915年1月25日，第一条跨区电话线在纽约和旧金山之间开通。它使用了2500吨铜丝，13万根电线杆和无数的装载线圈，沿途使用了3部真空管扩音机来加强信号。1948年7月1日，贝尔实验室的科学家发明了晶体管。这不仅仅对于电话发展有重大意义，对于人类生活的各个方面都有巨大的影响。其后几十年里，又有大量新技术出现，例如集成电路的生产和光纤的应用，这些都对信息传播起了非常重要的作用。

互联网的诞生与信息交互

互联网（Internet）又称网际网络，或音译因特网（Internet）、英特网，始于1969年美国的阿帕网（美国国防部研究计划署，简称ARPA），是美军在ARPA制定的协定下，首先用于军事连接，后将美国西南部的加利福尼亚大学洛杉矶分校、斯坦福大学研究学院、加利福尼亚大学（UCSB）和犹他州大学的四台主要的计算机连接起来。这个协定由剑桥大学的BBN和MA执行，在1969年12月开始联机。

另一个推动互联网发展的广域网是NSF网，它最初是由美国国家科学基金会资助建设的，目的是连接全美的5个超级计算机中心，供100多所美国大学共享它们的资源。NSF网也采用TCP/IP协议，且与互联网相连。

ARPA网和NSF网最初都是为科研服务的，其主要目的为用户提供共享大型主机的宝贵资源。随着接入主机数量的增加，越来越多的人把互联网作为通信和交流的工具。一些公司还陆续在互联网上开展了商业活动。随着互联网的商业化，其在通信、信息检索、客户服务等方面的巨大潜力被挖掘出来，使互联网有了质的飞跃，并最终走向全球。

信息的交互是这样的：客户端发送数据，服务端接受客户发送的数据请求，进行处理，然后返回给客户端，然后以某种格式显示给用户。如果用户请求的是一个文本，那么在这个请求中会告诉服务端，"我请求的类型是文本"，也会告诉服务端，"我的客户端支持那种文本的格式"。服务

| 社交简史 |

端收到后知道这个客户端支持那种方法的文本即系，然后就会用这个类型处理二进制并返回数据，会告诉客户端文本的解析方式。如果用户请求的是一个图片，那么和上面的过程一样，服务端也会返回二进制，但是会告诉客户端，要用打开图片的方式去解析。

正是借助互联网，人类的信息传输速度问题也彻底得到解决，演化出了包括文字、视频、图片等一系列信息的交换方式，从此，距离和信息承载量不再成为困扰人类的协作发展和社会交流，人类的全球化从而得以实现。而在最近十年掀起的移动互联网浪潮已经席卷了全球，不计其数的信息交互产品诞生，诸如导航、Hover 交互、反馈设计、Hover 展现、评论模块、仿真展示、三维视角、3D 效果、时间指示、"豆腐块"信息展示、复选式信息筛选、转场动态、时间轴、推拉窗、新组件畅想，等等。借助这些产品，人类不仅能实现超远距离无时延的信息交互，而且使得这种交互变得时时有效。可以说自从移动互联网诞生的那一天，全天候 24 小时在线已经标志着人类逐渐开始向互联网进行一场移民，正如数万年前我们的智人祖先走出非洲一样，新的纪元正在展开。

Chapter 2

中国古代社交发展简史

　　中华民族以友善好客而闻名天下，重文明讲礼貌世人皆知，待客热情诚恳，语言谦虚。商周时期就讲究交友之道，确立了君臣、父子、夫妻、兄弟、朋友的"五伦"关系，强调"君臣有义、父子有亲、夫妇有别、长幼有序、朋友有信"，渗透到社会生活中的各个方面，并对后世产生了深远影响。秦汉实现了"大一统"，"五伦"关系赋予了新的内涵。魏晋南北朝时期门阀士族是人际交往活动的主角，门阀士族重交际、重应酬等，独具时代特色。唐宋两个朝代，诗词在社交中发挥了重要作用。唐代的"壁壁诗"每一首单独拿出来都是一幅独一无二的文学或书画作品，宋代的日常社交生活中则处处活动着词体赏作的鸿影。明清时期传统家庭鼎盛，家训广泛推广，家训从各个不同的方面表达了对家庭人际关系的期许。"五四"运动时期，进步知识分子从人的解放和尊重人格以及解放妇女的角度，提出了"男女社交公开"这一主张。

| 社交简史 |

先秦时期的交友之道

朋友关系始于何时,难于考证。按"亚圣"孟子的说法,至少在商的始祖契的时代,就有了朋友这种非血缘的人际关系。契受圣人之托,教给人们处理五种人际关系的行为准则,也就是"五伦",即君臣有义、父子有亲、夫妇有别、长幼有序、朋友有信。

从史料上看,商代社交礼仪已渗透到社会生活中的各个方面。记载周代礼仪的书籍《周礼》(原名为《周官》,亦叫《周官经》,传为周公旦所作)的出现,标志着周代社交已经达到了系统完备阶段。在这一时期,礼仪的特征已从单纯祭祀天地、鬼神、祖先的形式,跨入了全面制约人们行为的领域,礼的内容主要体现在社交中的"王礼"(即分别用于祭祀、冠婚、宾客、军旅和丧葬的"吉礼""嘉礼""宾礼""军礼""凶礼")中。这些礼仪内容,对后世人们的行为规范、人际交往以及社会公德的形成,都产生了极大的影响。

到了先秦时期,朋友关系受到普遍重视。各种典籍中都有关于交友的论述和记事。比如:《周易·乾卦》中的"同声相应,同气相求",意思是同样的声音能产生共鸣,同样的气味会相互融合,即同类的事物相互感应;《周易·系辞上》中的"君子上交不谄,下交不渎",意思是道德高尚的人,与地位比自己高的人交往不奉承讨好,与地位比自己低的人交往不轻慢高傲;《论语·学而》中的"有朋自远方来,不亦乐乎?"意思是有志同道合的朋友从远方来，不也是很快乐的事吗？《庄子·山木》中的"君子之交淡如水，小人之交甘如醴"，意思是君子淡泊而心地亲近，小人以利相亲而利断义绝，等等。从交友的必要性，交友的原则，到交友的快乐，以至绝交时应注意的问题，都谈到了。这说明当时人们把交友作为社会生活中的一件大事。

春秋战国时期，自从"士"这个阶层出现并日益活跃以后，人才的流动达到高潮。这些士人为求名利和实现自身价值，常常远离本土，远离父母兄弟，在没有血缘关系的人群中寻找知音、知心或互利互帮的人。于是朋友成了一种重要的人伦关系，也逐渐形成了处理朋友关系的道德原则。俗话说"在家靠父母，出门靠朋友"，远离故乡，四海奔波的人，不仅需要物质上的帮助，行动上的支持，还需要精神上的理解、关心和同情。

先秦时期的朋友交往丰富而多彩，留下了许多佳话。俞伯牙与钟子期即为生动一例。伯牙鼓琴，子期听之，二人通过琴音结为知己。后来钟子期死，知音绝，伯牙崩弦绝响，终身不复鼓琴，这是千古称颂的知音之交。这种朋友关系超越了功利，也超越了道德，进入到高雅的审美层面。它与一切利害无关，是纯粹的精神和心灵的交流。这种朋友非常难得，是可遇而不可求的。

齐国的管仲与鲍叔牙，也是知心之交的经典范例。管仲是杰出的政治家、思想家，担任齐相40年，帮助齐桓公成就霸业。鲍叔牙才能虽不及管仲，但有知人之明。他们从小是朋友，相知一生。在管仲最困难最危险的时候，鲍叔牙毫不犹豫地予以帮助。他们二人商定，各追随辅佐一位齐国公子。管仲辅佐公子纠，鲍叔牙辅佐公子小白。在继承王位的争夺战中，管仲奉公子纠之命，追杀堵截小白。一箭射中小白的衣带钩，差点要了他的命。小白继位为齐桓公，对管仲恨之入骨，欲杀之而后快。鲍叔牙说服齐桓公，不仅不杀管仲，还任命其为相。他们二人，可谓莫逆之交、善者相交、君子之交、淡水之交。

孔子是最早的自媒体

自媒体是个现代词汇，是指私人化、平民化、普泛化、自主化的传播者，以现代化、电子化的手段，向不特定的大多数或者特定的个人传递规范性及非规范性信息的新媒体的总称（百度百科）。自从这个词火了之后，网上出现一大批自称"自媒体第一人""SEO付费圈第一人""站长第一人"的人。其实，我国拥有五千多年的历史，泱泱大国，能人辈出，孔子才是自媒体第一人！

自媒体有平民化的特征。通过网络，每个人都可以像电视台主持人一样当主播，通过自己的媒体，想说就说，想写就写，畅所欲言地表达自己的观点，分享自己的点滴，构建自己的社交圈。早在先秦时期凭创作能力吃饭已不再是难事，孔子是凭借文章才家喻户晓的，所以说他才是自媒体第一人。

传播快、交互性强是自媒体的典型特征。任何时间、任何地点我们都可以经营自己的媒体，信息能够迅速地传播，而且信息的受众能够直接给予反馈，这是传统媒体无法企及的。孔子的《论语》就具有这一典型特征。第一，《论语》中所有的内容都是孔子对这个世界的看法，由他讲给他的弟子、崇拜者，直至君王听。他当年并非达官显贵，但自媒体的传播影响力巨大。就像现在的自媒体，都以粉丝多少与影响到行内大佬为重要评测指标。第二，弟子们更是根据孔子与弟子的言行记录整理出来了《论语》这种儒家经典的书籍。孔子把自己的思想知识传达给学生，学生们在传播给更多的人。学生说的"子曰"也就是老师孔子说。孔子的思想通过口口相传，孔子的名气也是口碑传播。第三，互动性强。这是肯定的，《论语》中就有许多内容是孔子与弟子的对话。第四，现在的社交媒体，不管是微信还是微博，在文章背后都开设了打赏的功能。孔子也是吃百家饭，靠打赏过活。那时的知识分子，许多是做门客被供养。

秦汉时期的社交："五伦"关系

商的始祖契的时代就有"五伦"关系，即君臣、父子、夫妻、兄弟、朋友，强调"五伦"关系，要求君臣有义、父子有亲、夫妇有别、长幼有序、朋友有信。其中君臣关系属于政治关系，父子、夫妻、兄弟属于姻缘或血缘关系，而朋友关系例外，不属于其中任何一种，但它是一种重要的社会关系。秦汉时期作为中国两千年历史的奠基时期，为"五伦"关系赋予了新的内涵。

秦汉时期确立了大一统的君主专制主义制度，打破了上古、三代的宗法制度，引起了社会政治格局的大变革，社会政治结构经历了一个从君子、小人到君、臣民的划分，再从君、臣民的划分到君、臣、民的划分。社会政治格局的变革，带来了君臣关系的新变化，如何建构起符合时代发展的君臣关系新范式成为秦汉时期社会各基层关注的焦点问题。西汉大儒董仲舒总结先秦、秦汉之际的历史经验和各派政治势力、政治学说的共同智慧，依据儒家经典提出自己的主张。在君臣地位问题上，董仲舒既继承

| 社交简史 |

传统儒学"从道不从君"的理念,又主张天人感应下的君主"强勉行道"以维护天命不改,他还进一步把君臣关系本身作为一个永恒性原则确定下来。在君臣之间的相互对待关系上,董仲舒的观点折中于差异与等级之间。在君道、臣道问题上,董仲舒立足儒学又吸收法家、黄老之学的思想营养,提出了符合时代发展的政治统治方式,较好地解决了现实提出的问题,为"独尊儒术"和汉王朝的长治久安做出了积极贡献。

父子、夫妻、兄弟属于姻缘或血缘关系,属于家庭关系范畴。秦汉时期的家庭关系说起来让人沉重。早在先秦时期,秦国的商鞅在变法时曾颁布过一项法律规定,一个家庭如果有两个成年男子却还不分家的,就要交纳双倍的赋税;还有一项法律,父子兄弟不但要分家,还不能居住在同一屋檐下。这两项法律彻底摧毁了大家族,让成年父子必须分家和分散居住,以鼓励百姓之间互相监督、告发,便于国家对百姓的控制。这些做法对当时的社会经济有一定的进步意义,但某种程度上对道德文化乃至朴素的家庭亲情造成了严重的破坏,对后世的家庭关系,尤其是秦汉两朝的家庭关系影响甚巨。秦代直接脱胎于战国时的秦国,其意识形态、制度设计和法律规定都继承了商鞅的衣钵。西汉初年著名政论家、文学家贾谊在《新书·时变篇》中批判道:商鞅变法,抛却传统礼数,两年行使后使得秦朝旧有民风衰败。所以秦朝的人一个人家如果是富有的话,等到儿子长大成人后,就跟爹妈分居,给他娶个媳妇儿。一个人家如果是贫穷的话,等到儿子长大后,就把他送给人家做女婿。儿子长大了一定要分家,这也就罢了,父母到儿子家借个锄头、扫帚之类的都不愿意借,而婆媳之间,一言不合,立马反目成仇。人情冷漠竟到这种地步!商鞅变法时摧毁的家庭形态和家庭温情,在秦朝灭亡之后,经过整整西汉一朝的努力,都没能彻底恢复元气,直到东汉时才完成重建。这样的历史教训着实让人唏嘘。

秦汉时期,朋友关系成为了规范与约束人与人之间的行为准则,使包括朋友关系在内的五种人际关系发生了显著的变化。特别是在"白虎观会议"（东汉章帝时召集大夫、博士、议郎、郎官和诸生在白虎观召开的一次讨论儒家经典的学术会议）之后，朋友关系被纳入到纲纪之中，使其渐渐蒙上了血缘宗法的面纱。

魏晋南北朝时期的交际风尚

魏晋南北朝时期门阀士族重交际、重应酬蔚的社会时尚，最有突破性和创造性，独具魏晋南北朝这个纷纭复杂、号角声不断的时代特色。门阀士族是魏晋南北朝时期人际交往活动的主角。

对于"世袭"，我们一直持批判态度。其实在科举制成熟以前，这种世袭也有其必然性。事实上，从汉末到东晋初年，许多教育传统良好的士族之家累世相传，根深叶茂。比如颍川钟氏从汉代的钟繇到唐朝中叶500年间，世系不断，几乎每代都有官宦。这种情况导致世家大族对教育无不极其重视，为保持自己的文化优势无不殚精竭虑。士族为了传承家族精神，制定了林林总总的家诫、家训、门律、门范等，家长辞世，也往往留有遗言、遗令、遗命。南北朝集大成的《颜氏家训》一书，就是士族家族教育的经典。王伊同在《五朝门第》中说："五朝名家，靡不有家教，所以立身处事，有以见异……巨宗重臣，咸有训诫。"这些世家大族的文化积淀和教育水平，确实不是一般人家能比拟的。因此，士族社会中，上层文化可以以家族为堡垒，一脉相承，越积累越深厚越精微，传递数代之后，上层文化的精神气质越来越呈现出贵族文化的特质。

| 社交简史 |

魏晋士人思考的结论是人生的意义不在于一时一事的物质得失，也不在于把活生生的生命去做僵硬的伦理和教条的注解，而是在于心的自在，真性情的释放。"竹林七贤"就是这股思潮的典型代表。这个文人群体优游于山林之间，以纵酒谈玄、放任洒脱著称。他们人品各异，观点有别，人生际遇更不相同。但他们身上有一个共同点，那就是认为人活着应该不受"名教"的约束，应该向自我、人性、真情回归。他们主"我"重"情"，特别强调一个"真"字。因此，才出现了种种后人不解的行为。

魏晋时代画坛巨匠顾恺之身上"魏晋风度"更为典型。此人好吹牛，好开玩笑，史称他言谈举止，"痴黠各半"。也就是说，有时很机巧，一语道破天机，有时又很难解，让人莫名其妙。被世人称作"三绝"（画绝、才绝、痴绝）。他年少轻狂，曾经袋里无钱，却为瓦棺寺写捐百万，最后靠画维摩诘一躯，赢得看画人一捐逾百万。这种传奇式的故事，在春秋之后实在不可多得。

《晋书》上记载：王羲之少年时代，就很有个性。郗虞卿听说大族王氏家中，几个孩子都英俊不凡，就命媒人到王家选婿。其他几个孩子都竭力修饰自己以待客，只有王羲之袒着肚子躺在东床上，神色自若地吃着胡饼。媒人回去告以此情此景，虞卿说："这个吃胡饼的人才真是好女婿啊。"于是把女儿嫁给了王羲之。东晋永和九年，也就是公元353年，三月初三，晴空如洗，天气绝佳。浙江省绍兴市西南30公里的兰亭，41名峨冠博带的文人，正列坐在清澈的兰溪之畔，纵酒欢会。他们把一种叫作"羽觞"的轻便酒杯放在水上，任其顺流而下，流到谁的面前，谁就要饮酒赋诗。众人诗兴大发，很快得诗35首。席中50岁的王羲之更是逸兴遄飞，他命人取出特制的鼠须笔和蚕茧纸，借着酒意，即席挥毫，为众人写下了一篇诗《兰亭集序》。坐中诸人可能谁也没有意识到，这一天将成为中国艺术史上一个永远的纪念日。连王羲之也没有意识到，他平生最重要的作品，已经在他微醉之时不经意间诞生了。

如果说中国历史上第一个大动荡时期是春秋战国时期，催生了先秦诸子的"百家争鸣"，那么第二个大动荡时代便是魏晋南北朝时期，催生了中华文明和艺术的质的突变，为以后隋唐帝国的出现打下了坚实的基础。

唐代的社交广告：题壁诗

当代诗人发表诗歌，有报纸杂志还有社区。但是，在古代没有媒体的时候，诗人们在哪里发表诗歌呢？其实，他们也有自己的论坛（英文简称BBS），那就是墙壁。尤其是唐代的题壁诗，堪称唐代的社交广告。

唐代的题壁诗，每一首单独拿出来，都是一幅独一无二的文学或书画作品。当时文人喝酒写诗拼两点：一是拼谁的诗先写好，二是拼题到墙壁上谁的诗被大家传。墙壁题诗虽然不是主动扩散，但每天都有人从这里走，看到墙上的好诗，背下来或者抄下来，也流传开了。

耳熟能详的《黄鹤楼》就是其中之一。李白到黄鹤楼游玩，诗兴大发，随行好友也鼓动他来题诗。正要提笔，但见已有人写了一首。诗写道："昔人已乘黄鹤去，此地空余黄鹤楼。黄鹤一去不复返，白云千载空悠悠。晴川历历汉阳树，芳草萋萋鹦鹉洲。日暮乡关何处是，烟波江上使人愁。"这正是唐代大诗人崔颢的佳作。李白一向孤傲，此次却不禁真心感叹，予以点赞，并加评论："眼前有景道不得，崔颢题诗在上头。"

唐代诗人崔护把诗写在门上（虽然写在门上是"题门"，实际也属于题壁），曾成就了一番千古爱情传说。青年才俊崔护科考失利，心情落寞，时逢春季，便到帝都长安南郊看桃花。遇到一户人家，口渴了找水喝，遇到了一位颜值堪比桃花的美貌少女。一年期间，崔护念念不忘，翌年春天再来寻找这位女子，却吃了闭门羹，于是，就在这户人家的门上写了这样一首诗："去年今日此门中，人面桃花相映红。人面不知何处去，桃花依旧笑春风。"因这首诗，最终成就了两人的美满爱情！

无论是题诗、看诗、跟题、转发、摘抄都十分活跃，也都是免费的、开放的，不分身份高低贵贱，上到唐玄宗李隆基、宰相武元衡、刺史韩愈，下到基层官吏、隐士、家庭妇女，谁都可以。据记载，唐代秭归县江边有一处叫"神女馆"的客馆，到了唐穆宗长庆年间已经积累了1000多首题壁诗。而两京道上的"三乡驿"，自从一女子题壁之后，跟题留言者不绝于壁，五代时墙面都已经写不下了。南宋学者、藏书家周煇回忆，他在去常山的路上，于客店中看到一首诉说旅途寂寞的题壁诗，署名"女郎张惠卿"，回程路过再看，墙上已满是跟题留言。

宋词与宋代的社交

相对稳定的社会局面、繁荣的商品经济和统治者纵容享乐的国策导向，影响并形成了宋代"举世重交游"的社会风气。与之前时代相比，宋人的社交生活尤为兴盛。翻检宋人的史料笔记不难发现，在宋代的日常社交生活中，处处活动着词体赏作的鸿影。大量的词话、词集序跋和词作纪事都说明有相当数量的宋词作品产生于不同的社交场合，为应对各种社交活动创作而成，在当时的社交生活中迅速蹿红。在2万多首的宋词作品中，这样的词作几乎占据"半壁江山"，在宋词创作中具有重要地位。

宋词的社交性很强，从交往方式上可以分为应制、应歌、应社三类，从交往功能上主要分为侑酒佐欢、祝颂、寄赠、唱和、答谢、调笑、谒拜七大类，从交往场合上主要分为歌馆、宴席、郊游三类。下面我们今天来看看：

应制即为应奉皇帝和朝廷之命而做的词。应制词属于"遵命文学"，是宋词创作的重要组成部分，统治者的喜好使得应制词的创作数量大增，但思想上的阿谀奉承和创作上的模式化大大降低了它的文学价值。柳永认为自己"奉旨填词"是一件很了不起的事情，他可以说是中国历史上第一个职业词人。柳永一生存词 213 首，用了 133 种词调，其中超过 100 种是首创或初次使用，而在宋代，1000 多位词人，总共用过的词调，也不过 800 多种罢了。他给杭州写的广告语"三秋桂子，十里荷花"至今被人沿用着；他的"系我一生心，负你千行泪"堪称古风界必读金句。我们可以想象，在柳永活跃的那个年代，全国有多少十七八岁的姑娘，拿着红牙板，唱着柳七郎君的慢词，成为歌楼酒肆中的"明星"。没人记得那年黄榜上状元的姓名，只有那个失意的白衣男子，永远定格在时间的记忆中，任凭历史长河风高浪急，他的身影，始终不曾淡去。

应歌多为消遣娱乐。所谓应歌词是指应歌妓歌唱之需创作的词，既包括当筵命笔付诸歌姬乐工演唱的词，也包括词人的一些赠妓词作。应歌词的创作主要集中在北宋时期，这与应歌活动的音乐属性是密切相关的，北宋时期随着燕乐的流播和发展，应歌活动成为词体写作的主要方式。宋室南渡以后，随着音乐人才与音乐资料的大量流失和朝廷的乐禁，应歌活动逐渐衰退。

应社多为沟通交流。应社词是指在亲朋同僚聚首时，用于佐欢寄情的词作。北宋时期开始出现词人的应社活动，但较为松散。南渡时期，词人

| 社交简史 |

聚会活动继续发展,以作词唱和为内容,以评比词艺为目的,带动影响了后续的寄赠唱和活动。"西湖吟社"是当时众多西湖词社中的一个,指宋末元初以西湖为主要活动地点,多人参加并且人数比较固定,经常性地进行吟咏活动的文人社团。以词体创作为主,从一个侧面反映了宋末元初词学文化的发展态势和遗民故老的生存状态,并对后世词坛尤其是清初词学发展产生了重要影响。词中社友的词作活动较为频繁。在早期诗词兼作的应社活动中,词人之间以率意尽兴为主,注重意兴的感发与精神的交流;后期专司作词的词社活动,则以探讨和维护词体的独特体性为主,注重词学观念的交流。

侑酒佐欢是指日常生活中友朋欢聚,以唱词相侑樽的一种交往功能,以单纯的闲聚娱乐为主,不含如祝寿、送别等其他交往功能。北宋时期以歌姬唱词、侑酒佐欢的宴享之风盛行,南渡之后以词侑酒的佐欢之风依然继续。

寄赠多不具有交往活动的现场特征,主要分为两类,一类是赠妓词,一类是士大夫之间的寄赠词,前者属于应歌活动,后者属于应社活动。其中,文人士大夫间的寄赠词多流露出浓厚的士大夫情怀和文人雅趣,此类词体写作是对以文会友传统的继承和发展。

祝颂是指以词体的写作表达对他人的祝贺、祝福、祝愿之意,又以祝寿为主。祝贺对象涉及范围较广,有祝颂皇室的,也有祝颂家人朋友、同僚上级,等等。祝颂词的写作贯穿宋词发展始终,成为宋人日常社交生活的一个重要组成部分。

以唱词赋曲迎送宾朋也是宋人一种日常的交往活动,不仅出现在权贵、士大夫和富有市民的家宴中,也经常出现在官府的公宴中,在迎送宴席活动中,主人设宴款待,作词侑觞,客人回赠,表达谢意,成为宋代一种基本的应酬礼节。

以词体做答谢之事，也是宋词交往功能的一个方面。如《湘山野录》卷中记载，吕申公乞请致仕时，向仁宗引荐了陈尧佐，尧佐无以言谢，作词携觞拜望申公，借歌妓之唱词表达深深谢意。此外，晁补之的《一丛花》中的"王孙眉宇凤凰雏"，魏了翁的《木兰花慢》中的"怕年来年去"等词作都是为答谢而作。

调笑即以词作相互调戏，全宋词中有不少词人之间的"戏作"。如侯真的《凤凰台上忆吹箫·玉管辉飞》是"耒阳至节，戏呈同官"之作，陆游的《浣溪沙·汗褪香红雪莹肌》是"戏陈子长"等，这些戏作是对词体消遣娱乐特征最直接的说明。词人之间的戏作对于缓解紧张人际关系，调节场面氛围，增进双方感情具有一定的作用。

谒拜是对传统诗歌干谒功能的继承。如柳永的《望海潮·东南形胜》是为结交孙相何，蔡敏肃的《喜迁莺·霜天清晓》是为结交内侍进词柄用，等等。

歌馆是指以赢利为目的的商业场合，多写男女之欢和冶游之情，具有明显的色情成分。宴会多指士大夫之间的欢聚场合，又分公宴和私宴，以侑酒佐欢为主。流行于歌馆场合中的词作多有"章台""冶游""青楼""柳荫""画桥""谢家"等字样，歌妓是这类场合中最为活跃的群体，流连于这类场合的文人士大夫多以赏词听曲为主。歌馆词作以抒写男女情事、冶游之欢为主要内容，词风俗艳，词意浅露显豁，词格不高，充满市井气息。

作于宴会场合中的社交词作数量最多，主要交往如侑酒、迎送、祝颂等，基本上都属于宴会词。宴会词又分公宴词和私宴词，公宴主要指帝王的御筵和普通官吏间为公事进行的宴席应酬活动，私宴是指亲朋好友之间举办的一些私人性宴集活动。公宴词有为官员的瓜代迎送而作的，也有庆祝高升的词作，多以正面的颂美为基调。相比之下，私宴之词更为轻松自由。

郊游是指结伴外出、游玩赏乐的活动场所，以游赏为主。歌楼酒馆的兴盛与宋代商业经济的迅速发展有着密切的关系。宋人的外出游赏多以良朋、歌姬和诗词相伴。携诗词酒侣，寄情山水，游玩赏花，随物感兴，啸咏吟唱成为时人的一种生活时尚。不少词作就产生于这些游赏活动中，尽管从数量上看，作于这一场合中的社交词要少于作于歌馆、宴会场合之词，但是游赏活动为士人间的交往提供了更多的机会和更广的空间，拓宽了社交词创作的视野，提供了新鲜生动的素材，极大地促进了社交词的创作。

从以上的分类中可以得知，社交生活是引发词体创作的主要原因之一，也是宋词重要的表现内容。作为一种"形而下"的具有实用功能的文体，词体成为宋人社交活动的重要载体。与传统文体相比，宋词的赏作活动与社会交往之间的关系更为密切，它不仅出现在朝事活动等政治性的公共交往领域，如词作应制活动，而且渗入到时人日常的交往生活中，承担着多种社交功能，绾合着宋人的多种社交关系，并在大多的社交场合中独领风骚。

明清时期的人际关系——家训对家庭人际关系的期许

明清时期是传统家训的鼎盛时期，也是传统家训广泛推广的时期，"家风"盛行，其家训文化在中国家教史上占有极其重要的地位，并对此后的家庭人际关系的理念产生了深远的影响。由于传统家训作用的日益彰显和统治阶级的大力倡导，家训理论在广大民众中广泛传播，形成了明清时期家训教育空前繁盛的局面。比如明末清初朱伯庐的《治家格言》流传很广，影响巨大。它集中了治家教子的名言警句，仅用500余字，阐述了人生的深刻道理，总结了古代的治家之道，语言平实，脍炙人口，数百年来盛传不衰，成为官宦士绅、书香世家乃至普通百姓津津乐道的教子妙方和治家良策。

中国家庭传统教育最主要的内容是向子孙进行修身教育。所谓修身，就是修养身心，学会做人，塑造品学兼优的完美人格。由于传统政治思想、伦理思想特别强调修身与齐家、治国、平天下的密切联系，认为只有做到身修、家齐，才能达到国治、天下平，故而古代家训几无例外地认为"修身为本"，将修身提到突出的位置。

立志是修身之基，也是事业成功的第一步。只有确立志向，才有明确的努力方向，才会克服艰难险阻向着目标前进。要想使子孙自立自强，成为有理想有作为的人，关键是鼓励他树立人生志向。明代大儒王守仁在《教条示龙场诸生·立志》中说："志不立，天下无可成之事。虽百工技艺，未有不本于志者。"《曾国藩家书·修身之道》第一条便是"勉君子应立志"。同书"述立志之重要"条说："人苟能自立志，则圣贤豪杰何事不可为？……苦自己不立志，则虽日与尧舜禹汤同住，亦彼自彼，我自我矣，何与于我哉！"反复强调立志的重要性。立志如此重要，那么该树立什么样的志向呢？王守仁在《示四侄正思等》中，期望侄子们以仁礼存心，以孝顺父母，友爱兄弟为根本，努力学习圣贤，为前人争光，为后人造福。

读书是修身的一个重要方面。明代兵部员外郎杨继盛在多次受苦受辱之后，仍能矢志不移，谆谆告诫儿子："你读书，若中举进士，思吾之苦，不作（做）官也是，若是作（做）官，必须正直忠厚，赤心随分报国。固不可效吾之狂愚，亦不可因吾为忠受祸，遂改心易行，懈了为善之志，惹人父贤子不肖之笑。"《曾国藩家书•教诸弟进德修业》说：读书首先是为了增进自己的道德修养，追求诚实正直修身齐家治天下的道理，以无愧于此生；其次才是将读书作为谋生的手段。郑板桥在《潍县署中寄舍弟墨第二书》中说，要通过读书，做个知书识礼、通情达理，有高尚道德情操的人。

养德也是修身的一个重要方面。这里重点说一下明代文学家、书画家陈继儒。陈继儒在《安得长者言》中关于品德修养的观点大致可归结为两个方面：一方面是何以养德。他对修养品德与"富贵功名"关系的看法是："富贵功名，上者以道德享之；其次以功业当之；又其次以学问识见驾驭之。其下，不取辱则取祸。"他认为靠高尚的道德享有富贵功名是最好的，其次才是功业和学问。否则要获得富贵功名，不是遭受耻辱便是带来灾祸。他还用进入鸟群的鸟不乱飞行、进入兽群的野兽不会扰乱同类的比喻，告诫子孙要以良好的德行和睦他人；另一方面是如何养德。在这一问题上，他的观点大约可概括为以下几点：一是要小处以养成。从小节着手可收到事半功倍之效。他教育子孙，"人生一日，或闻一善言，见一善行，行一善事，此日方不虚生。""有一言而伤天地之和、一事而折终身之福者，切须检点"。二是慎始以绝恶念。只有清除不良的动机才有良好的修德氛围。他指出："一念之善，吉神随之；一念之恶，厉鬼随之。知此可以役使鬼神。"三是内省以知不足。修德要有成效，就要经常反省自己私心杂念产生的原因和修养不足之处。他最推崇"静坐"反省的方法。因为："静坐然后知平日之气浮；守默然后知平日之言躁；省事然后知平日之费闲；闭户然后知平日之交滥；寡欲然后知平日之病多；近情然后知平日之念刻。"四是读书以明理。因为"读书不独变人气质，且能养人精神，盖理义收摄故也"。五是要有益友的帮助。他以自己跟朋友一起才得攀上高塔的体会，说明在道德修养上离不开品德高尚、学问渊博的朋友鼓励、帮助和提醒的道理。六是行善以积德。强调践行是他养德思想的一个重要特色。他教导子孙要做好人、行善事："世乱时忠臣义士，尚思做个好人。幸逢太平，复尔温饱，不思做君子，更何为也？"他提出，若能洁身自好，且能救人济世，才是真正的功德："士大夫不贪官，不受钱，一无所利济以及人，毕竟非天生圣贤之意，盖洁己好修德也。济人利物功也！有德而无功可乎？"

待人接物，指处理各种人际关系，也是修身的一项重要内容。明代思想家王夫之在《姜斋文集·丙寅岁寄弟侄》中说，与人相处，应和睦友善，相互谅解，而不是小肚鸡肠，过分计较。看到对方有不是，不妨当面提出，不要藏在心里，积成怨恨。另外，"宁愿人负我，不可我负人"也是一种美德。陈继儒在《安得长者言》中阐述处世之道有这样三个方面：一是淡泊名利；二是虚以处己，宽以对人；三是以趣交友。比如以趣交友，他说"人之交友，不出'趣味'两字。有以趣胜者，有以味胜者，有趣味俱乏者，有趣味俱全者。然宁饶于味，而无宁饶于趣。"《曾国藩家书·治家篇》致澄侯等三弟信中说："兄自庚子到京以来，于今八年，不肯轻受人惠，情愿人占我的便益，断不肯我占人的便益。"告诫诸弟："以后凡事不可占人半点便益，不可轻取人财，切记切记"。

齐家的意思是和睦家庭，端正门风，垂范后代。齐家的内容大致应包括父慈子孝、夫义妇顺、勤俭持家等方面。比如父慈子孝，明代孙奇逢的《孝友堂家训》认为："父父子子，兄兄弟弟，元气团结"是"家道隆昌"的必要条件。清代王夫之在《姜斋文集补遗》指出："孝友之风坠，则家必不长。"

再如勤俭持家，明朝崇祯甲戌科考中进士陈龙正在《家矩》中提出"不吝不富，不侈不贫"的治家之规。他指出："人性不吝，必不至大富。

不贻子孙以大富，则不生侈心；不侈则又不至大贫。是以贻子孙以善守者，不悭乃其本也。祖父累之如锱铢，子孙费之必如泥沙。子孙痴根，还从祖父愚性生下。"在他看来，多遗财富不如教之以节约用度的"善守"之道，这种见解应该说是别具慧眼。在论及爱惜物品与浪费物品的关系时，陈龙正提醒家人注意有时看似爱惜物品，实则是暴殄天物。《家矩》中指出："爱惜、暴殄本是两意，愚者有时合成一病。如饮食剩余，宜趁鲜香之时分给于下。敝衣故履未至有用，宜散于仆从或贫寒之人。每见妇人悭吝爱惜，将余食珍藏。夏不过一日，冬不过十日，皆腐败矣。衣履破敝，欲藏之箧笥，则不必；欲与人，则不能堆阁闲处，听其朽烂，使人不得受其养，物不得伸其用，是皆以爱惜为暴殄者也。"

曾国藩的家训在勤俭持家方面也有许多值得称道的见解。如他在《修身之道》中说："吾细思，凡天下官宦之家，多只一代享用便尽。其子孙始而骄佚，继而流荡，终而沟壑，能庆延一二代者鲜矣。商贾之家，勤俭者能延三四代；耕读之家，谨朴者能延五六代；孝友之家，则可以绵延十代八代。我今赖祖宗之积累，少年早达，深恐其以一身享用殆尽，故教诸弟及儿辈，但愿其为耕读孝友之家，不愿其为士宦之家。"《谕纪鸿》信中说："凡仕宦之家，由俭入奢易，由奢反俭难……无论大家小家、士农工商，勤苦俭约，未有不兴；骄奢倦怠，未有不败……莫坠高曾祖考以来相传之家风。"曾国藩是中国近代史上一位声名显赫的人物，他的这些议论，都入情入理，发人深省。

"五四"运动时期的男女社交公开

中国封建社会男女有别,交往有戒,女子完全成为她所依附的男子独自占有的工具和牺牲品。"五四"运动时期的进步知识分子是从人的解放和尊重人格以及解放妇女的角度,提出男女社交公开这一主张的。

邓颖超在回忆"五四"运动时说:"随着'五四'爱国运动的发展,同时掀起了妇女解放运动,这也是'五四'的民主运动中一个主要内容,提出了'男女平等''反对包办婚姻'要求'社交公开''恋爱自由''婚姻自由''大学开女禁''各机关开放任用女职员'等。在天津首先是把男女同学分别组织的学生联合会合并,共同工作。这件事在起初也是遇到了阻力的,女同学中也有不赞成的,有顾虑社会舆论不同情的,有怕合并后被人说男女混杂闹笑话的,但男女同学中的进步积极分子终于冲破了这些阻碍,勇敢地实行合并,并收到良好效果。"

邓颖超在回忆中说的"遇到了阻力",实际上反映了该时期"男女社交公开"思潮中的反对势力。但具有进步思想的人认为,在男女共同组织的社会中,人人都应有独立的人格,人人都应有自由交往的权利。比如著名作家沈雁冰撰文说:"我们为什么要男女社交公开呢?我以为无非是想把反常的状态拉回到合理的状态罢了!男女既然同是人,便该同做人类的事。男人可到的地方,女人当然也可以到。能这样的便是合理的状态,不能这样的便是反常的状态,这是极显明的。至于再进一步讲,拿社会进化的大题目来说，便知偏枯的社会决没有进化的希望。男女社交不公开是偏枯的、表面的、最显见的，其背后，便是经济的、知识的、道德的不平等。如此男女关系的社会，总是一天天向后退，不能朝前进，不论是经济方面、知识方面还是道德方面。"男女正常交际，这不但是人际关系方面的合理、正常状态，而且是社会进化的一种希望。在隔绝男女交往的反常状态下，要养成健康的心灵，培植文明的道德，树立高尚的人格，显然是困难的。

著名学者胡适也主张男女社交公开，1918年他在北京女子师范学校讲演，在介绍美国妇女时曾谈及男女社交的意义，他说："女子因为常同男子在一起做事，自然脱去许多柔弱的习惯。男子因为常与女子在一堂，自然也脱去许多野蛮无礼的行为，最大的好处，在于养成青年男女自治的能力。中国的习惯，男女隔绝太甚了，所以偶然男女相见，没有鉴别的眼光，没有自治的能力，最容易陷入烦恼的境地，最容易发生不道德的行为。美国的少年男女，从小受同等的教育，同在一个课堂读书，同在一个球场打球，有时同来同去。所以男女之间，只觉得都是同学，都是朋友，都是'人'，渐渐的把男女的界限都消灭了，把男女的形迹也都忘记了。这种'忘形'的男女交际，是增进青年男女自治能力的唯一方法。"这种"忘形"的男女交际，是相互视为"人"的平等交际，是对"男女有别"的封建道德的否定。

Chapter 3

中国社交网络发展历程

社交网络包括硬件、软件、服务及应用,由于四字构成的词组更符合中国人的构词习惯,因此人们习惯上用社交网络来代指 SNS(Social Network Service)。一定意义上来看,社交网络其实是源于网络社交的需要,基于此种思路,中国社交网络的发展历程主要呈现四个阶段:BBS 时代、娱乐化社交、微信息社交、垂直社交。

| 社交简史 |

早期社交网络雏形BBS时代

有人把 2001 年至 2006 年这五年称为"BBS 时代"。从社交网络的深层演变来看,社交网络应该是从 BBS 层面逐渐演进的。

BBS 是一种点对面的交流方式,降低交流成本,淡化个体意识而将信息多节点化,并可实现分散信息的聚合。1994 年 5 月中国第一个论坛——曙光 BBS 成立,除了基本信息发布功能外,还包括现在的网络社区、即时消息、聊天室等多种常见的网络交流形式的雏形。曙光 BBS 的诞生,打开了一种全新的交互局面,普通民众可以利用论坛,与陌生人进行互动,而不仅仅是被动地接受媒体信息。此时,天涯、猫扑、西祠胡同等产品都是 BBS 时代的典型企业。

BBS 的最大功能即在于吹响了观念的集结号,把 20 世纪 90 年代被迫星散四地、孤军奋战的人们聚集起来。当时每一个 BBS 一般都对应一个团契、一个共同体、一块观念的领地。比如关天茶舍,1999 年年底由老冷创办,名字取自陈寅恪《挽王静安先生》之颈联:"吾侪所学关天意,并世相知妒道真。"它虽然努力多元化,然而因历任版主的倾向与时代的风气,渐渐成为自由主义的大本营。因此对很多人来说,BBS 时代最可贵的地方是人情味。

娱乐化社交网络时代

经历了早期 BBS 阶段，国外社交产品推动了国内社交网络的深度发展。2002 年，领英（LinkedIn）成立；2003 年，运用丰富的多媒体个性化空间吸引注意力的 Myspace 成立；2004 年，复制线下真实人际关系来到线上低成本管理的脸谱成立；2005 年，人人网成立；2008 年，开心网成立。这些优秀的社交网络产品或服务形态，一直遵循社交网络的"低成本替代"原则，降低人们社交的时间与成本，取得了长足发展。

在娱乐化社交网络时代，娱乐化的社交游戏变得随手可得，成为了网民联系感情排解压力的一种网络生存方式，就像去街头散步或是超市购买巧克力一样容易。用户只需要在线注册无需下载客户端，用零散的上网时间，即可与好友轻松分享游戏的喜悦。由于媒体对开放平台和社交游戏的关注，使得白领或高收入人群对社交游戏的热情异常高涨。国内社会性网络服务（英文简称 SNS）社区用户注册的速度已经远远高过传统的网络社区，用户群除了全面覆盖了学生和白领群体外，大量来自三线城市人群的新增用户也成为 SNS 社区发展的新生力量。

由于社交网络引入了更多的娱乐元素，因此用户在线活跃度远远高过以主题为核心的社区论坛。伴随着开放平台的普及，一批专业的第三方开放商脱颖而出，例如五分钟（Five Minutes）、热酷（Rekoo）、奇炬互动（Ismole）等，已经有一定规模的收入，在诸多开放平台上游刃有余。尤其是五分钟推出的开心农场，通过多种渠道快速渗透网络。被引入校内、51.COM、QQ 校友及 QQ 空间，甚至还加入了在美国如日中天的脸谱的应用行列，尤其开心农场登陆康盛创想旗下的漫游开放平台，让这款应用迅速地普及到 13 万余家中小 SNS 社区，几乎全面覆盖了整个网络社区用户。

开心农场具有明显的社交游戏特征，讲究互动互助，好友越多越有趣。每天用户只需要上线给自己或者帮好友的农作物浇浇水、杀杀虫、除除草、收收果实即可。如果有损友来你农场里使坏或者盗取你的果实，你的狗狗也可以抓住他。该游戏不仅可以调动用户上线的积极性，还可以促使用户发起对站内好友的互动，让好友与之一起互动。开心农场凭借优秀的互动性依托开放平台快速普及，一举成为中国最成功的社交游戏。当时，五分钟推出的开心农场的用户量已经超过 1500 万，是国内第一款拥有千万级用户的社交游戏。开心农场通过多种渠道快速融入网友的网络生活，成为国内社交游戏的代表。

微信息社交网络时代

新浪微博的推出，拉开了中国微信息社交网络时代的大幕。2009 年 8 月，新浪推出微博产品，140 余字的即时表达、图片、音频、视频等多媒体支持手段的使用，转发和评论的互动性，使得这种产品迅速聚合了海量用户群，当然也吸引了众多业者（如腾讯、网易、搜狐）的追随。此外，随着移动互联网的发展，微信息社交产品逐渐与位置服务等移动特性相结合，相继出现米聊、微信、简简单单等移动客户端产品。

微博作为新兴的社交平台，既有传统网络社会互动的特点，又实现了对人类互动行为的重构。在微博平台上，不同年龄、不同职业的个体在网络上通过去中心化的方式链接，从而形成了一个新的社群。这个活跃而富有生命力的社群影响着线上和线下的社会互动。

微博社会互动是间接性的虚拟化的网络互动。所谓间接性，是指必须以电脑作为互动的中介，而虚拟性则指人们再也感受不到在物理空间中感受到的方位，也无法触摸到屏幕中所显示的网络事物。也就是说，网民依赖电脑并通过控制其输入和输出设备交互作用，在互联网平台上构建了一个完全悬浮于虚拟空间的人际交往圈。新浪微博以文字、图片、视频进行网络互动，这种互动的间接性与虚拟性让网络互动的开放性大大增强。因此在互联网上，每个人既是观众，亦是演员；既是参与者，亦是组织者。微博用户既是信息的发布者，又是传播者和接收者，任何人都可以按照自己的意愿和喜好与别人交流和交往。

微博的社会互动更具有个性化的特点，突出的表现就是交往对象的高度选择性。因受到时间、空间及其他客观因素的影响，传统的交往只能在有限人群中选择交往对象，狭小的交往空间让传统社会互动缺乏灵活性和个性化。凯斯·桑斯坦认为网络交往需要两个条件，其中之一是"有一定程度的共同经验，假如无法分享彼此的经验，一个异质的社会将很难处理社会问题""共同经验，特别是由塑造的共同经验，提供了某种社会粘性。一个消除这种共同经验的传播体制将带来一连串的问题人格与网络互动的差异"。微博具备了这两个条件，既有现实世界早已产生的交往群体，也包括靠"机"缘和"趣"缘联系起来的从未谋面的群体，关注名人微博，我们成了与他们进行互动的参与者。个性化的另一表现是微博既能匿名注册，又可实名注册。通过匿名参与，我们可以借助微博发泄现实生活中的不满情绪，减轻生活的压力。这与米德的符号互动论中的"自我也存在着互动的过程"相吻合，匿名注册中的"主我"层面远远超过"客我"层面。微博上的大多数互动都采取匿名的方式，呈现给对方的只有个人爱好、情趣等精神属性，而涉及个人隐私的社会地位、社会角色等社会属性在互动过程中并不能够体现。

网络互动并不能取代现实社会中的互动。一方面，网络互动是现实互动的扩张和发展，两者都对社会交往有重要意义。另一方面，网络互动受现实互动制约，有向现实互动回归的趋势。根据戈夫曼的拟剧论，长期盘踞在微博等的网络互动中，民众就不可避免地根据别人的期望来塑造自己的形象，努力压制别人不欣赏的某些方面，长时间这样，就易发生人格的扭曲，要求社会互动的参与者进行角色转变，从"网民"到现实中的"社会人"。在改变着传统的交际方式、交际场域、交际范围的同时，网络互动受到现实社会众多因素的限制，如个人的性格、所处的社会结构、文化水平等。网络互动是现实社会互动的交叠与延伸，在一定程度上还重构当时的社会结构。

垂直社交网络应用时代

垂直社交简单来说是对一群兴趣相投的人的交流方式的称呼。垂直社交网络应用并非是在BBS、娱乐化社交、微信息社交这三个社交网络时代终结时产生的，而是与其并存。垂直社交网络现在主要与游戏、电子商务、职业招聘等相结合，这是社交网络探究商业模式的不同尝试。垂直社交网络的强联系、小圈社交概念不断放大，基于共同兴趣的需求被细分出来。随着社交网络的不断推进，各类社交网络产品不断地寻求差异化发展之路，研究领域称其为从"增量性娱乐"到"常量性生活"的演变。目前，社交网络逐渐拓展到移动手机平台领域，借助手机普遍性、随身行、及时性等特性，利用各类交友、即时通信、邮件收发器等软件，使得手机成为新的社交网络的主要载体。

中国社交中一直不乏"以酒为媒，以诗会友"的佳话，到了今天，这种以"兴趣"为结点的社交更是在互联网的帮助下演绎得风生水起。比如说陌陌集结了一群有认识陌生人需求的人，IN则吸引了一群爱自拍、爱炫的女孩，同性社交类APP所吸引的人群特点就更加明显了。以手机上的兴趣社交为例，其中的一种玩法就是专注于单一兴趣关键词，围绕该主题，为具有特定需求的用户打造高浓度的兴趣社交平台。比如针对资深篮球迷，某手机客户端应用的新闻一栏提供各大赛事、球星的及时资讯，用户就资讯内容展开场景化讨论；社区一栏，围绕体育主题分设NBA、CBA、足球、运动装备等7个版块，每个版块又包含用户创建的各种群组，用户围绕相关主题展开讨论。而对于兴趣主题的高关注在讨论组也得以体现，一般来说，与主题无关的帖子是很难在上面存活。在个人主页，用户可以选择主队，自表属性的同时也方便寻找队友。

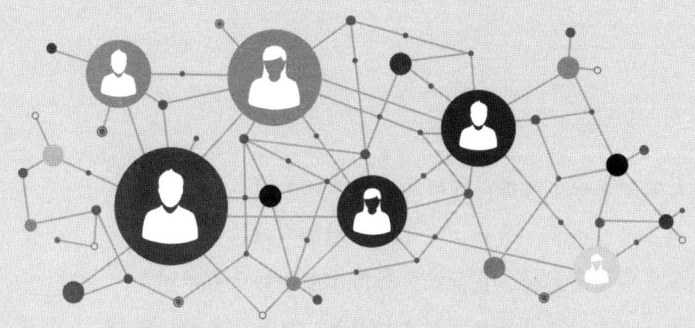

第二部分
塑造和包装自己——社交的前提

先与大家分享一个故事：陈阿土是中国台湾的农民，从来没有出过远门。攒了半辈子的钱，终于参加一个旅游团出了国。国外的一切都是非常新鲜的，关键是，陈阿土参加的是豪华团，一个人住一个标准间，这让他新奇不已。早晨，服务生来敲门送早餐时大声说道："Good Morning, Sir!"陈阿土愣住了。这是什么意思呢？在自己的家乡，一般陌生人见面都会问："您贵姓？"于是陈阿土大声叫道："我叫陈阿土！"如此这般，连着三天，都是那个服务生来敲门，每天都大声说："Good Morning, Sir！"而陈阿土亦大声回道："我叫陈阿土！"但他非常生气。这个服务生也太笨了，天天问自己叫什么，告诉他又记不住，很烦的。终于他忍不住去问导游，"Good Morning, Sir"是什么意思，导游告诉了他，天啊！真是丢脸死了。陈阿土反复练习"Good Morning, Sir"这个词，以便能体面地应对服务生。又一天早晨，服务生照常来敲门，门一开陈阿土就大声叫道："Good Morning, Sir！"服务生的回答是："我是陈阿土！"人与人交往，常常是意志力与意志力的较量。不是你影响他，就是他影响你。而我们要想成功，一定要培养自己的影响力，只有影响力大的人才可以成为最强者。

Chapter 4

社交的前提是自我形象设计

山有山脉,水有水脉,人有人脉。人脉关系是以"我"为核心建立起来的具有特定规模的人际小环境,作用和影响着生存和发展。人脉的重要性自不必说,人脉即是财脉,人脉即是事业脉。人脉关系网有鲜明的个性特征,什么样的人就有什么样的个性和观念,也就有什么样的人脉关系网。个人的特点极大影响人脉的整体属性,了解、审视、塑造和包装自我对于营造人脉意义重大,影响人脉的确立效率和质量。人脉设计为何要盘点自己?如何盘点自己?盘点自己需要注意哪些问题?这些是本章节着力讲述的核心内容。塑造和包装是目前比较流行的词汇,字面意思不难理解。塑造是包装的基础,包装是塑造的延伸。不论是塑造,还是包装,都是为了在设计人脉时更加清晰有效,四两拨千斤,而事半功倍。

不利于社交的十大个性特征

中国古代，"毛病"一词指马的毛有问题。现在，说人有毛病，意思就是这个人身上有缺陷或有缺点。金无足赤，人无完人。任何人都有毛病，不可能没有毛病，为什么？只要看看毛病是如何被人确定的，即可明白其中的道理。

是不是毛病，必须存在一个标准，或者说一个判断的观念。而标准和观念其实是很主观的东西——没有绝对的真理，没有绝对正确的标准和观念。藉以并非绝对正确的标准和观念衡量后得出来的结论，有可能是绝对正确的吗？非也！

毛病是相对的，毛病的大小自然也是相对的。为何要强调毛病的相对性呢？一是旨在对所谓的毛病有一个正确的认识，不至于以偏概全，不至于拿着个人观念去度量天下；二是旨在对所谓的毛病有一个中和的态度，有利于认知自己，也有利于看待别人；三是为设计人脉关系确立一条适用的基本理论，告诫每个人都不要太主观了。

指出毛病的相对性，并非要否定毛病的存在和对于经营人脉的危害。没有好人脉的原因很多，因为个人或这或那的毛病造成的坏人脉是主要的，也是常见的问题。研讨人脉问题，毛病是个不得不说的话题。

毛病人人有，但不能有大毛病，大毛病必然会给人脉带来大阻碍和大损害。那么，一般来说，哪些毛病可以称之为危害人脉关系的大毛病呢？

假如要详细列举的话，估计会有几十上百种的相关性毛病。这里只列举那些影响人脉关系的关键性毛病如下图所示，提醒每个人注意，引以为戒，进而逐步改之。

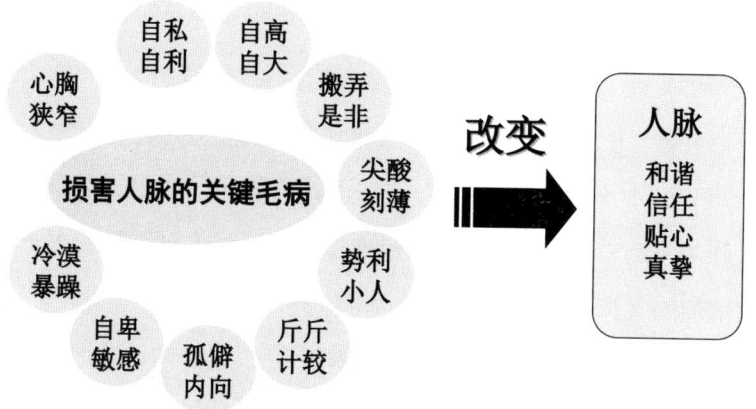

上图列出了对人脉最有危害的十大毛病，也是最为普遍的毛病。一样一样比照一下，看看自己身上有没有这些毛病。假如有，则必须立即改之。不愿改，或者改不掉，也就别想有一个很好的人脉网络了，想也是白想。

精气神是构建社交人脉的基石

天有三宝日月星，地有三宝水火风，人有三宝精气神。

人脉网络不是你想怎么织就怎么织的，一方面取决于个人的设想，另一方面还受制于别人对你的看法，也就是说，你对于别人而言有价值，这样别人才愿意与你结交。衡量你在别人眼里是不是有价值，其实很简单，

| 社交简史 |

就是看别人对你有没有需求，有需求就有价值，没有需求就没有价值，需求大就有大价值，需求小则只有小价值。有无需求要看具体情况，但一个人所表现出来的精气神对于别人对他的评价而言则十分重要，萎靡不振的人很难让人产生好感。

针对干事业，邓小平曾经说过这样的话："没有一点'闯'的精神，没有一点'冒'的精神，没有一股气呀劲呀，就走不出一条好路，走不出一条新路，就干不出新的事业。"这句话其实不仅仅适用于干事业，对于构建人脉关系而言，这句话也是极其有道理的。没有精气神，很难构建高效的有价值的人脉关系。

尤其在与人交往的时候，第一印象所表现出来的精气神相当重要。我经常讲：一个人永远没有第二次机会来建立自己的第一印象。第一次接触时的影响往往会深深地印在人们的心里，会形成持久的认识，这也就是心理学上所谓的首印效应。第一次交往时的印象是人际交往的基本依据，会强烈影响人脉关系的建立。关于第一印象的重要性，《三国演义》中有一个十分典型的例子，足以说明其重要性。凤雏庞统与诸葛亮齐名，本来庞统想去东吴，辅佐孙权，但孙权见其相貌丑陋，而且傲慢无礼，心生不悦，遂将其拒之门外，虽然鲁肃苦言相劝也无济于事。按理说，孙仲谋是能够慧眼识才的贤达之君，但也经不起首印效应的作用，满腹雄才大略的庞统就是因为没有精气神而得不到重用。在庞统的人脉圈中无法将东吴国君孙权纳入，仅仅是因为庞统的精气神问题。

美国总统林肯也曾因为相貌偏见拒绝了朋友推荐的一位才识过人的阁员。朋友责怪林肯以貌取人，说任何人都无法为自己的天生脸孔负责，林肯说："一个人过了四十岁，就应该为自己的面孔负责。"虽然以貌取人不对，但我们却不能忽视第一印象的巨大影响作用。

精气神是一个人内在气质和外在形象的综合表现，是一个人的理想信念和意志品质的整体体现。精气神不是孤立存在的，而是与一个人的道德修养、习惯个性、作风纪律等直接相联系的，甚至与思维方式和行为特点等有直接联系。有深爱者必有和气，有和气者必有愉色，有愉色者必有婉容，正所谓相由心生。没有良好的精气神，也就不可能有良好的素质。人们评价一个人，尤其评价不是十分了解的一个人，往往就是凭借直感，而直感的产生则主要来自于一个人所表现出来的精气神。事实上，精气神的确是一个人内在素质的自然反映，是一个人所表现出个人魅力的灵魂所在。精气神是内在素质的自然表现，即便是表演水平相当高的人也不可能长期虚假地进行表演。所以说精气神要靠日积月累的潜心修炼，从苦练内功入手，为构建人脉奠定坚实的基础。

先"知己"，才有社交

人际相处之道是构建人脉的理论基础，人际相处之道有很多，其中了解自己是构建人脉关系的重要道理。了解自己是全方位的，是实事求是的，了解自己的个性禀赋、心理需求、能力素质、文化层次等，知悉自己，才能清楚地知道需要建立一个怎样的关系网络，才能确定能够为别人提供怎样的帮助。有的人总是埋怨别人不理解自己，感叹交不到知己。然而他们自己都不了解自己，别人怎么可能了解他们呢？由于认知的错位，以致在交往的时候需求混乱，做事无的放矢，盲目行动，常常使别人无所适从，这就不可避免地导致人际关系紧张，自己也因此时常处于人际交往受挫后的沮丧情绪中。

| 社交简史 |

美国有一位传奇人物叫卡莉·菲奥莉娜，她是一位颇受争议的女人，她从前台小妹一直发展到参加竞选总统，她能把乔布斯和前总统小布什变为自己的蓝颜知己。看她的经历可以知道，她对自己十分了解，所以在人际交往的过程中也就游刃有余。1954年，卡莉出生在一个普通的美国中产家庭。学生时期她跟随父亲经常搬家，所以她总是班里的插班生，这样的经历使她始终需要融入新的人际环境。对于一般人来说，或许很不适应，但她却发现这种生活状态能够锻炼自己的自我管理能力。步入社会后，她也是让自己频繁换工作，她认为这样有利于拓展自己的人脉关系，有助于学到更多更新鲜的知识。

她上学时曾在美发店打工，毕业后在房地产公司当前台，结婚后又跑到意大利做每小时10美元的英语家教，26岁拿到马里兰大学MBA后，她开始在美国第二大移动运营商上班。她从通信部的管培生做起，后来晋升为销售经理，一直做到地区经理和营销副总裁。1999年，卡莉出任惠普公司首席执行官，成为霸道女总裁。卡莉的人脉圈很广，其中包括前总统小布什，还有著名企业家乔布斯等。后来卡莉成为参议员约翰·麦凯恩的竞选活动发言人，在2008年的选举中被认为是女副总统候选人之一。但卡莉在竞选之路上连连遭遇强劲对手的挑战，2010年输给了民主党资深联邦参议员芭芭拉·鲍克瑟。之后卡莉发现自己患上了乳腺癌，在接受手术后，卡莉幸运地康复了，她剪掉头发，重返政坛。就在这期间，卡莉和弗兰克的养女也是卡莉唯一的女儿洛丽去世了。卡莉在2015年的自传《直面挑战》中写道："在与癌症斗争的过程中，我逐渐了解到，人生的价值不是以时间去衡量的。我们付出的爱，为社会做出的积极贡献和懂得感恩的心决定了我们不平凡的人生。当我挚爱的洛丽被上帝带走时，我知道我能够控制的，只有自己的选择。我们的人生归根结底在于我们如何选择、如何释放我们的潜能，如何发挥我们个性的优势。"

2015年共和党候选人辩论中,卡莉与总统热门候选人特朗普同台PK,卡莉在辩论中占了上风,一贯语出惊人的川普破天荒地没有反击,只是说了句:"我认为她长得很美。"参选失败后,她出任美国两大慈善机构组织——机会国际和Good360的首席执行官,为争取男女平等而奔走。卡莉认为,女性不应该深陷于只会加重自己对男性依赖感的体制中,每个人都应该努力发挥个人作用。

她在自传中写道:"每当介绍我时,人们常常会提到我传记中的几句话。他们如此干脆利落,甚至信手拈来,好像一个人的成功非常容易,幸福是理所当然的事情。然而,人生中有太多我们无法控制的东西。我们应当从苦难中学会感恩,学着不要重蹈覆辙。我知道人终有一死,生命的长度,并不能体现我们的价值。只要我们学会付出,学会感恩,爱能让我们的人生价值实现最大化。"从这些话语中我们可以看出她对于自己的心灵有着透彻的了解,她的自知成就了她的人脉圈。知人者智,自知者明,建构人脉关系,自知相当关键。

社交无处不在

毛主席曾十分精辟地说:"凡是有人的地方就有左中右。"

社会中的人际关系无可避免的总是以各种圈子存在,社会很复杂,各种关系网络也很复杂,各类人按照不同的需求联结在一起,社会也因之变得异常精彩多姿。总体来说,构成各种人际关系的原因很多很复杂,比如亲缘关系、工作关系、地域关系、喜好原因等,但是不论何种原因,归根结底是由物质或心理的需求决定的，而需求的产生与人的个体禀赋有很大关系，人的个性不同，价值观不同，文化程度不同，个人素质不同，需求也就不一样。所以说，每个人自身的特点和社会属性影响着人际网络的特点，不同禀赋的人会各自形成不同的人际圈子，各种圈子有鲜明的、独特的色彩。

从更大的视野看人脉关系，更能看到人脉的本质特征。人类的远古时代，生产力水平低下，人们聚集在一起是为了更容易获取食物，为了更加安全，共同防御外界的危险因素。最早的人类基本是以血缘关系为纽带，如母系社会就是以女性为核心组成的社会关系，父系社会也是如此。随着社会不断进步和发展，物质水平不断提高，社会便产生了阶级。阶级斗争是推动人类社会发展的源动力，斗争的焦点就是争取社会财富。纵观中国数千年的历史，就能够很清楚地看到这个特点。一个阶级推翻另一个阶级，分分合合，由大乱到大治，周期性循环。说到底其中所贯穿的就是四个字——阶级利益。

本书中我们所讲的人脉，也脱离不开利益的取舍得失。这里所讲的利益不仅仅指物质利益，除了物质利益，还有其他许多利益，利益是因需求而产生的，如精神需求、安全的需求、人生价值实现的需求等。低等动物只有为了自身生存和种族繁衍后代的需求，而人类是具有高度理性的高级动物，除了本能的各种需求，还有精神需求。这就使得人类的关系网络更加复杂多变。这就告诉我们，在构建自己的人际关系的过程中，要了解自己的需求是什么，自己有什么特点，适合结交哪类人，诸如此类的问题都必须搞清楚。

不论你想不想构建自己的人脉圈子，事实上每个人都不可避免地生活在各自的人脉圈子里，这是不以个人意志为转移的。只要是有社会分工，就必然会产生各种人际圈子，这是必然的社会现象。我们要做的是精心策划和构建自己想要的人脉网络，使这个人脉圈子能够高效能地为自己的生活和工作服务，将人脉看作工具，而不是为人脉而人脉。

如何选择社交圈

"物以类聚，人以群分"。这个说法很有道理，总结出了人脉网络的一种社会现象。不过，要想建立一个具有更强大功能的人脉网络，则需要广交朋友，要搞五湖四海，不可仅仅局限在与自己完全同类的圈子里，假如这样的话，不但从中获取的信息量少，而且也很单调，缺乏变化和色彩。在认同物以类聚人以群分的同时，还需要记住另外一句话："水至清则无鱼，人至察则无徒，人至责则无友。"朋友圈子也需要丰富多彩，忌单一。海纳百川，有容乃大，朋友圈子当然并非人越多越好，并非人越杂越好，过于繁杂不但耗费时间精力，而且也不利于管理，但是同时也不能过于苛责，需要有人员的适度多元化，三教九流才会激荡出人脉圈子的正能量，才能使朋友圈子处于能量平衡状态。

理性之人构建人际关系网络的标准绝对不仅仅看是不是脾性相合或者意气相投，这样的标准显得太过感性。经历过生活和工作考验的人大都比较老练，在人际交往过程中很理性，与人交往不以自己的好恶为标准，而是时刻精心构建和维护人脉圈子。凡是有良好人脉关系的人大都具有这样一些特点：首先，绝对不是一个自我的人，太自我的人就一定显得自私，自私的人常常容易引起别人的反感，不利于建立朋友圈；其次，要想维护好人脉关系，必须善解人意，时刻琢磨的事情并非是让自己感觉舒服，而是关心别人是不是舒服,这也是衡量一个人情商高低的一个指标;再次,道德品质在共建人脉圈的过程中十分重要,让人感受到正能量的人更被人喜欢,人们都十分反感道德低下和品质不好的人。总之,一个人的个性修为在构建人脉关系的过程中十分重要,人脉好首先要个性好,个性有先天因素,更主要的是靠后天的完善。

选择什么样的人进入人脉关系网络呢?大致分为三种类型:一是性情相近的人最容易成为朋友圈子里的人,这是人之常情,脾气相投就容易聊得来,关系就容易融洽,这样的朋友是为了让自己有个好心情,属于心灵的伙伴关系,对于人生的成熟和成长来说相当重要;二是为了工作和事业而必须结交的人际关系,这种人脉关系属于利益型,这种关系大多是价值的相互交换,或者说是个人资源的整合,这种人脉关系对于一个人的事业发展十分重要;三是在长期的生活和工作中偶尔性结交的人际关系,许多人不太重视这种关系,其实人脉关系需要慢慢积累,不能太势利,有的人似乎对自己眼前没有任何益处,但谁都不敢肯定将来会不会发挥出意想不到的助益。

社交中自我完善的三大原则

构建人脉关系需要厘清所处的特殊环境,包括人际环境和生活环境。每个人所从事的工作不同,总是和一群特殊的人在打交道,因而决定人际关系状态的因素不是你所具有的特点,而是周围这些人的价值观,衡量你的优劣长短的秤砣在别人心里,好不好不是自己说了算,而是别人说了算。所以,你自认为的长处和优点在别人眼里就不是那么回事。有时候,有的人认为的优点和长处在另外一些人眼里却成为了短处。这就告诉我们，以构建人脉关系为视角的自我修炼必须要有一些基本原则，大致有如下三个原则：一是多数原则，也就是说要照顾绝大多数人的观念和感受，忽视少数人的个别看法；二是焦点原则，即人脉关系要为自己眼前利益和长远目标服务，不能为人脉而人脉，将关注点聚焦到自己目前生活和工作的主要矛盾上，要有利于自身的生活愉快和工作顺利；三是前瞻原则，看待人际关系要有长远眼光，不能鼠目寸光，要能够看到数年之后甚至数十年之后的情况，眼光长远了，心胸也就开阔了，对于人脉的认识和态度也随之发生了改变，在这种心理下构建起的人脉网络必将更具能量。

面对人际关系，人脉常常感到困惑，从商品的营销理论角度分析，产生困惑的原因是适销不对路。也就说自己认为是明显的优势，但为什么在构建人脉关系网络的时候不但没有助益，反而成为了阻碍。这就需要静下心来仔细分析别人真正的心理需求，别人的需求就是修身的方向。好的人际关系绝对不是时刻想着取悦自己，而是时刻想着如何取悦别人。善于控制情绪，才能营造人际交往的良好氛围。为了构建起一个属于自己的优良的人脉关系，个别时候委屈一点自己是值得的，也是必须的。不论在生活中还是工作中，一点委屈都不愿意接受的人肯定无法得到良好的人脉关系。

对于人脉关系而言，迎合别人喜好十分关键，但是这种迎合也必须要有原则和度，不能毫无条件地满足别人的心理需求。一方面要保持区别于别人的个性特点，个性的也就是群体的，毫无个性的人也显得很乏味，对别人产生不了强大的吸引力；另一方面，要有为人处世的底线，也就是做事和做人的基本原则，只有符合原则的人才可以交往，只有符合原则的事情才可以做。

| 社交简史 |

社交中人脉价值的衡量标准

简单讲，身价就是一个人的自身价值。人和万事万物一样，可以对每个人做定性化的价值衡量。有的人价值大，有的人价值小。人的价值有绝对价值和相对价值之说，人的绝对价值是广义价值，也就是人对于人类社会所具有的存在价值即存在的必要性；而相对价值则是狭义的价值，即在特定人际关系中或在特定的时间地域和人际环境中所反映出来的作用和重要性。通常人们所谓的身价说的是相对价值，也就是狭义价值。

衡量一个人有没有价值，没有绝对标准，而是依据不同主体的不同价值观念进行判断，所以结论自然也就五花八门。在常人眼里，一个人有没有价值主要是看这个人对自己有没有用处，用处大价值也就大，用处小价值也就小，毫无用处也就毫无价值。所谓的"用处"也就是心理的需求度，所以心理需求度是衡量一个人身价大小的"秤砣"。每个人的心理需求各不相同，因为同一个人在不同人眼里身价也不一样，这是正常现象。

身价对于构建人脉具有重要意义，身价是一个人在特定人脉圈子里的"黏"度，身价大的人"黏"度高。为了构建人脉关系，提高自己的身价显得十分重要，有身价的人更易于建立人脉圈子，有身价的人在特定的人脉圈子里更能被人重视。提升身价的途经很多，但思路只有一个，即打造别人对你的需求，不论是物质需求还是精神需求，有了需求也就有了身价，身价随着别人对你需求的多少而变化。因为人的心理需求是时间的函数,也就是说人的身价是随时间而变化的,是动态的,不是一成不变的。

社交中的第一印象效应

我们知道,第一印象在人际交往中十分重要,而第一印象的关键因素即是个人形象问题。人在第一次接触的时候,见面短短的时间里,总会留下不可磨灭的印记,是好是坏就在短短几分钟时间里。问题的关键还在于第一印象对于每个人而言只有一次机会,一旦有了第一印象,便无可替代,会持久存在。所以说,个人形象在构建人脉的过程中十分重要,绝对不可轻视。

穿着干净整洁,举止温文尔雅,言谈富有分寸,良好的个人形象是无声的语言,向对方传递着值得信赖的交往信息,对方会认为你是有修养的人,从而为自己赢得进一步交往的机会。所以说,在构建人脉网络的过程中,个人形象绝对是有价值的,良好的形象魅力无穷。

构成个人形象的要素有很多方面,如穿着打扮、言谈举止、面部表情、坐姿行姿,等等。有关研究表明,第一印象的关键在于最开始的前几分钟。见面接触的开始根本无法深入细致地进行了解,学历、职称等都来不及展示,对人的看法仅仅来自于外在的形象。美国著名的人际关系专家阿尔伯特·罗宾对人们的直接交往进行研究后指出:一个人留给他人的第一印象受几个方面因素的影响,其中说话内容本身占7%,说话方式(语速、语调、音量等)占38%,非语言信息(面部表情、身姿、行为、服饰等)占55%。可见,人的外在信息在给他人的印象中占有举足轻重的分量，没有得体、优雅、文明的外在形象，很难树立起良好的个人形象。

一个人的形象可以分为外在形象和内在形象，外在形象主要指看得见的外在部分，而内在形象主要是指人的内在素养，主要包括道德情操、理想追求、心理状态、文化知识、审美情趣、人际关系等。内在素养是外在形象的基础，外在形象是内在素养的外化。我们不但要重视能够拿目光审视的外在形象，还要重视能够拿心来感受到的内在形象，两者都很重要。

当今社会生活节奏越来越快，人们都很忙，所以人际交往的时间越来越短，许多人根本没有太多时间去仔细了解你的全部情况，许多时候仅仅凭借第一印象决定是否愿意与你交谈、交往和合作。所以说，在人际交往中，个人形象总是走在能力素质的前面，个人形象好更能吸引别人的眼球，从而获得赞美，赢取交际的机遇。另外，个人形象好，收拾得整整齐齐，自己心里也舒服，在交往中更有自信，极大提升个性魅力，更加有益于构建人脉关系。

社交中人格魅力的来源

构建人脉网络需要人格魅力，一个人的魅力决定其在人脉网络中的吸引力和魅力，换句话说，决定其在人脉网络中的价值。每个人都有自己的人脉网络，这些人脉网络相互交叉，错综复杂，你在你自己的人脉网络上，同时也在别人的人脉网络上。要想提高自己的人脉价值，就得打造独特的人格魅力，越有魅力，那么你在人脉网络中就越受欢迎。

一个人的魅力主要是由性格特征、品德修养、内在气质等决定的，有些特点是先天性的，而大多数特点则要靠后天的自我修炼。不论是文化知识，还是言谈举止，以及为人处世的态度和方式等，都是一个人魅力的重要元素。那些优雅大气、亲切自然、随和随缘的人，总会受到人们的好评，人缘会更好。

气质是在个人经历中慢慢形成的，与许多因素有关，比如成长环境、家庭出身、受教育程度、外貌长相等。气质需要全方位修炼，平时多学习，多看书，培养良好的生活习惯，闲暇时候多参加健身锻炼等。俗话说得好"近墨者黑，近朱者赤。"构建好自己的交际人脉网络也很重要，与品德好气质好的人交往，会潜移默化影响到自己的气质。

这里需要强调一下读书对于气质的作用，因为读书与气质修炼的关系十分密切。受过高等教育的人与没有受过高等教育的人在气质上表现差别很大。道理其实很简单，在文化氛围浓厚的熏陶下，人的思想意识和行为习惯等会潜移默化地进行改变，久而久之，人的气质也就变了。读书要成为喜好和习惯，而不能当作装饰门面的虚假装饰，有的人为了装饰门面，做个书架，书架上摆上一些书，而骨子里不喜欢读书，那么再装气质上也丝毫没有书卷气。有句古语说得好"腹有诗书气自华"这句话相当有道理。当读书成为生活习惯，那么不用刻意伪装，气质自然会变得温文尔雅。

调节情绪，摆正心态，随遇而安，经常把微笑挂在脸上，心理状态好，气质自然不会差。生活环境对人的影响其实主要是通过个人的心态反映出来，同样的生活环境，有的人牢骚满腹，怨天尤人，唉声叹气，而心态好的人不论在任何地方、任何时候都能想通看透，情绪始终积极向上。所以说，气质与一个人的思想关系很大，甚至可以说心理是气质的发源地，是气质的根本。

或许有人认为一个人的长相决定或者影响一个人的气质，毋庸讳言，人的外部特质的确对气质有影响。但长相是父母给的，个人无法改变，天生丽质固然是十分庆幸的事，但其貌不扬仍然可以修炼出好气质，古今中外无数事实也证明了这一点。不要为自己的长相而耿耿于怀，必须走出心理怪圈，其实最重要的是修炼自己的性格，注重道德修养，这才是关键。

社交的秘诀是分享快乐

人不能总想着能从别人那里得到什么，也要琢磨能为别人做点什么，这样才能建立良好的人际关系。只想着索取的人，人们会越来越远离他，因为没有人会长期无偿地为他人服务。最好的人际关系是互相帮忙，单向付出的人际关系不可能长久维持。或许有人会说：我没有多余的钱，没法给人帮大忙。其实这种想法虽然有一点道理，但不全面。没有钱，还可以送去心理温暖，别人遇到事的时候说几句好话，开导开导，安慰一下。在和人相处的时候，不论是熟人还是陌生人，把快乐挂在脸上，把开心送给别人，你也会因此而快乐。

有位女士是公司文员，每次给领导送自己写的材料，心里都十分忐忑，低垂着头走到领导面前，双手将材料送到领导手里，然后紧张地等待领导的批示，其结果可想而知，领导总会说一大推的问题。有一回她因为一件事心情很好，心情愉悦地走进领导办公室，脸上挂着微笑，轻松愉快地把写好的材料递给领导，没想到领导没细看，就说："不错，不错！"事后她想，这一次为什么领导没有鸡蛋里挑骨头，而是爽快地点赞了呢？肯定不是因为材料写得好，而是自己愉快的情绪感染了领导。快乐的情绪是可以传染的，你把微笑挂在脸上，别人的情绪也会好起来。领导也是常人，心情愉悦的时候心理容忍度就会增大，对事对人更容易宽容，作为下属自然工作更加顺利。

人们都会有这样的生活感受，就是和快乐的人在一起，自己也会因此变得轻松快乐，和郁闷的人在一起，会感到很不舒服。所以，人缘关系好的人总是那些能经常把快乐传递给周围人的人。情绪消极、心理阴暗的人总是形单影只，人们会远远躲着他，这是生活中的实际例子。

如今人们工作压力大，生活节奏快，常常琐事、不顺事缠身，情绪难免会焦虑郁闷，这时候一定要提醒自己，把不愉快埋在心中，始终把微笑挂在脸上，任何一位情商高的人都会这么做。笑口常开的人并非生活中没有愁事，而是他不会轻易把自己的不愉快传递给周围的人，这样的人人缘不会差，是高情商的表现，也表明这种人是十分理想的人，不会感情用事，不情绪化。事实上，心中有了郁闷事，如果唠唠叨叨，不但自己反反复复郁闷着，而且也使别人产生郁闷情绪，不但对自己没好处，也影响到别人的快乐。

美国著名管理学大师德鲁克说："快乐的人，常给人群带来凝聚力，给工作带来愉快，给劳动带来轻松。"因此我们要善于营造好的心情，然后把快乐传递给别人。你的快乐就会如星星之火在别人的心里点燃，并迅速燎原，别人便以同样的快乐回赠于你。在工作中，如果把快乐带给别人，工作就会得心应手，如鱼得水，称心如意；在家庭中，如果我们把快乐传递给家人，我们的生活就会变得融融乐乐，安定和谐，幸福美满。

Chapter 5

社交的本质是相互需求

　　从某种角度讲，人际交往其实就是价值交换。要想提高人际交往中的自身价值，就需要打造别人对你的需求。需求越多越大，就越有身价，反之，则在人际交往过程中身价比较低。不应该把需求等同于实利或者势利，需求不仅仅是物质的需求，还有精神层面的需求，要全面考量"需求"的内涵和外延。认识到人际交往中需求的价值，对于打造高效的人际关系极其重要，就能明白为什么人不能只索取不付出的道理。总而言之，需求理论是人际关系的基本属性，首先必须要承认这种现实，其次要合理有效地加以运用。

社交中的"求向求同"心理与"求异"心理

人际交往中存在"求向求同"和"求异"的现象，这是人思想发展到一定程度的内心流露。构建者不妨紧紧看准这些时机，巧妙利用这些"求向求同"或者"求异"心理，最后达到自己的目的。

"求同"者一般都属于事业刚刚起步的人士。正如一名刚刚进入某大学的新生喜欢佩戴校徽一样，"求同"者往往会对某位事业比自己好、身价比自己高的人同样会满心充满羡慕，这就属于"求向求同"原理的表露。这种心态出现后，此类人对心目中的羡慕者非常崇拜，渴望和人家在生活各个方面"同路"。假如人家喜欢喝茶，自己即便从来没喝过茶，也要舍命陪君子："我也喜欢喝茶。走走走，今天可是碰见同路人了，我请客。"假如人家喜欢泡脚，自己即便不知道泡脚的地方在何处，也要想方设法拉人家去泡脚："走走走，好长时间没有泡脚了。今天我请客，你给推荐去哪。怎么样？"

"求向求同"的人一心想要和心目中羡慕崇拜的人"一个样子"，这就对构建人脉关系网者造成了"心理机遇"，抓住机会让此人仿照内心崇拜者"办成某件事情"，肯定能够达到意想不到的效果。

"求异"的人和"求向求同"人的心态有些相反，此类人往往属于成功人士。他们内心感觉自己与常人非常不同，处处感觉自己比常人要"好一些"，这就属于"求异"原理的心理倾向。看到大家准备到某饭店聚会：

"哎，聚会一定要吃饭喝酒吗？这样吧，我这几天胃口不好，你们去吃，我就在旁边不远处泡一下温泉。你们下午两点到温泉的贵宾室找我。"到了预定时间，大家都醉醺醺来到预定地点时，"求异"者身穿另类的服装坐在贵宾室里等候，让人感觉颇与一般人不同。

"求异"者一般都是成功人士。构建人脉关系者可以抓住这些人的心理，寻找机会，将一般人办不成或者非常难以办成的事情寻找合适的机会提出来。这样，在众人都一筹莫展的时候，"求异"者就会挺身而出，显出自己与众不同的强者风范："我还以为什么大难事呢，不就是找个批文吗？这点小事还谋划找这个，找那个，别管了！明天这个时间，还在这里，我把批文交到你手里。"

"大哥大哥，你的神通非同一般啊。这叫兄弟我怎么谢你呢？"

"哎，谢什么谢，小事一桩！"

这样一来，自己的困难不仅顺利得到解决，还可以让"求异"者尽显"强者"风采，在心理上得到非同一般的满足。

"求向求同"与"求异"都是人的心理作用的结果，都是人在事业发展中的心理状态，但都属于心理变化原理。只有细细观察琢磨，发现这些人的"心理机遇"，然后寻找合适的机会达到自己的目的。

另外，根据"求向求同"和"求异"的心理原理，构建者也可以抓住机会扩建自己的人脉关系网。感觉某个人脉此时处于"求向求同"状态，自己就可以装出一副成功人士的风范，然后和"求向求同"者顺利结交；如果某个人脉处于"求异"的心理状态，构建人脉关系网则可以屈尊，万万不可显露自己某些"成功者"的风范，要以发展者的姿态寻找机会结交"求异"者，就能顺利结交。

| 社交简史 |

同性相吸，异性相斥

物理学和化学中都有"同性相斥，异性相吸"现象，说的是阴性离子和阳性离子的性质，这都是科学原理。不过，人际交往过程中，却出现和科学不一样的地方，即"同性相吸，异性相斥"。这种现象让人感觉似乎有些不舒服，但确乎有其道理。只有合理利用这些人际交往与科学不同的原理，才能在人际交往中立于不败之地。

需要指出的是，人际交往过程中的"同性相吸、异性相斥"中的"性"并非指的是男性和女性，而指的是人的性格和爱好。在人际交往中，有共同爱好、性格脾气相近的人往往容易结交。比如，爱好运动的人容易一起做运动，喜欢爬山的人到了节假日就会相约一起去爬山，酷爱滑雪的人时时都在关注哪里新添了滑雪场……这些现象都在告诉人们，"同性相吸"的人际交往原理。共同的爱好让他们结交在一起，并且非常有共同话题："怎么样？礼拜天有时间吧？我最近听说西北不远的地方新开发了一座山，风景很好。现在正在试运营中，不要门票。"

"真的啊？那还犹豫什么啊？原想礼拜天去看孩子外婆的，现在决定不去了。这个礼拜天先去爬了这座山再说。"

"哎，礼拜天早上七点，老地点不见不散啊。"

就这样，因为"同性相吸"的原理，让具有共同爱好的人一拍即合，在共同话题的召唤下很快能走到一起。这样的人际交往一个明显的要求就是，必须有共同的爱好，性格脾气也相近。

相反，"异性相斥"的原理也同样存在于人际交往中。不同的爱好，不同的性格脾气，导致坐到一起的人"话不投机半句多"："你有空爬什么山啊？跟傻驴似的累了一星期了，好不容易有个礼拜天的空闲时间还不好好坐到麻将桌前好好玩一会儿。你吃饱了撑的是不是？为什么不打打麻将呢？说不定还能赢点钱……"

"那，我要输了呢？"

"你怎么还没玩麻将就光想着输呢？你想点好行不行？怎么和你说话这么没劲呢！"

这么一来，坐到一起的两个人肯定会"分道扬镳"，这就是"异性相斥"原理的结果。

利用"同性相吸、异性相斥"原理来结交人脉，首先要求自己不仅爱好要广泛，而且更要了解自己这些人脉的具体爱好。这样，你才可以根据不同人脉的爱好来安排自己的结交办法：合理安排自己的空闲时间，和喜欢钓鱼的人脉去水库钓鱼，和爱好爬山的人脉去风景区爬山，抽空和喜欢玩麻将的朋友打麻将……这样一来，广泛的爱好就能让你结交众多的人脉，最终让你朋友遍天下。

因此，合理运用人际交往中的"同性相吸、异性相斥"原理，积极培养自己广泛的爱好，最终让你在人际交往中"越走路越宽"，事业也会随之蒸蒸日上。

社交的核心是被需要

在人际交往过程中，一些人脉已经进入自己的视线，他们对自己的事业也至关重要，但这些人非常难以结交。原因是，这些人感觉你对他们没有用处，或者说，这些人在你的人脉关系网里能够起到举足轻重的作用，而你在他们的人脉关系网里却找不到合适的位置。为此，这些人不愿意和你结交。

这样的问题摆在面前，你就需要动脑筋：人家已经进入自己视线了，怎么才能让自己进入到人家的视线中呢？别忘了，人人都有优点和长处，如何将自己的这些优点和长处变成自己目标人脉的需求，就成为结交这些人的关键。做好这一步，那么，你就自然而然进入了他们的视线。道理非常简单，因为他们需要你，他们的人脉关系网中已经出现了你的位置："哈——想不到，这小子竟然还有这两下子。看来，他有两把刷子。难得的人才啊，什么时候和他交往一下？"

机遇来到，接下来，就是水到渠成的问题了。还没等你去想办法结交他们，他们已经在想办法结交你了。

说到这里，或许你会问："优点和长处我肯定有，可我的优点和长处怎么才能进入到人家视线中呢？"

这就是人际交往中的关键问题。的确，人的优点和长处非常多，但细想一下，这里说的优点和长处都是人们平时所羡慕的东西。比如，某人游泳本领很高，某人酒量很大，某人打麻将非常厉害——能整宿整宿的不睡觉连着干……你可以细心琢磨一下自己，看看自己究竟在哪方面有长处——人贵有自知之明。了解自己之后，你再琢磨你需要结交的那些人，他们在哪方面需要你的优点和长处。要明白，人人都有爱好，人人都有缺点，你需要细心研究你的目标，将你的优点和他们的喜好对接，这样一来，你的交往机遇就出现了。

比如，你发现你的交往目标喜欢喝酒，而你在喝酒方面并不在行，酒量不仅不行，喝酒后还容易失态。这时候你的缺点和交往目标的喜好对接，无法结交。接下来你还可以观察，终于发现，此人喜欢下象棋，而你在这方面"有两把刷子"。这样一来，你的长处和交往目标的喜好完美对接，下一步就需要你寻找机会去行动了。你可以找朋友在交往目标面前显露，让目标"动心"："嗯，——我象棋下得够好了，在楚河汉界还不曾遇到过对手。怎么？你的这位朋友在什么地方拿过象棋冠军？哎呀，必须的啊，我一定要和他过过招啊！"这样，你的优点和长处就变成了对方的需求，交往机遇出现了。

能够让自己的优点和长处变成别人的需求，首先需要自己的优点和长处比较不一般。不然的话，很难引起别人的注意，更难成为别人的需求。这就需要增强自己的爱好，让自己的优秀之处多一点，更加优秀一点，这样自己在交往方面的路子就宽多了。

界定合适的社交对象范围

　　人际交往过程中需要选择交往目标，而只有这个目标对自己的事业发展有用处的情况下，才可以在合适的机会结交。反之，假如某个人跟自己的事业"三杆子打不着"，并且爱好和性格相差很远，那这样的交往就没有必要。双方相互都无所求于对方，那这种交往就会清淡如水："哎，要不算了吧，都挺忙的。今后有机会我们再聊。"

　　"好好好，今后有机会一定坐一坐。"

　　相互客套一下，这样人脉就此过去，从此以后各走各的路，因为双方相互无所求。

　　人都有事业心，都想让自己的事业越来越辉煌，于是在人脉选择方面自然就选择对自己事业有帮助的人脉。反过来，在选择对自己事业有帮助的人脉的同时，你也要考虑到，你选择的目标人脉同样也需要你对人家的事业有帮助才行，这叫"双赢"。只有建立在双赢基础上的结交才能牢固，因为双方相互都有所需："咱弟兄们太有缘了，早就应该坐在一起知道吗？真是相见恨晚哪！放心吧，今后有用得着弟兄们的事尽管开口。没啥说的，兄弟我一定尽力而为。"这样的口气说出口很有底气，也能办得到，因为他为你办事的同时，肯定会在某个时间有求于你。

　　可是，如果对方只对你的事业有帮助，而你对人家的事业无所谓，这样交往就会出现一边倒的情况。人家或者因为你对人家事业没有帮助不愿意和你结交，要么被你的诚意所打动，最终不得已才坐到了你的饭桌上。这种一边倒的交往会让你产生一种将对方视为"上级领导"的感觉，因为你有求于人家，而对方对你无所求："哎——你看，我说没有必要这样，要不算了吧？我今晚还有事，挺忙的。你看要不咱们这样，咱们后边有机会坐一坐怎么样？明天，好好，明天我一定过去。"

可是，等到明天，人家照样有各种各样的理由："真不巧啊兄弟……是是，说好是今天。可是，今天我家舅舅从老家赶过来了。我要把长辈扔到家里去赴宴，这这这……不好吧？"

这样的交往会非常被动，但有时候没有办法，尽管自己无法帮助到对方，可人家对自己的事业至关重要，甚至举足轻重。这种情况下，自己必须忍辱负重结交对方，想尽办法取悦于对方，最终让对方坐到自己饭桌前。

相互无所求的两人交往，一方发现对方对自己事业没有一点帮助，而自己似乎也感觉对人家的事业同样无助。这样的双方偶尔坐在一起，等双方都介绍完自己之后，接下来会感觉非常没意思。一句话，相互无所求的两个人，的确没有坐在一起喝咖啡的必要。这是人之常情，因为人需要生活，人生需要奋斗，需要有事业，还都渴望成功，在这样的理念驱使下，人只有去搜寻对自己事业有帮助的人脉，而对自己事业无关的人则会"视而不见"。

这不是世态炎凉，这是人性的真实绽放！

社交不能看重钱财

网络上有句非常流行的话，让许许多多的网友都为之着迷传颂：钱不是万能的，但没有钱是万万不能的。这句话从一定程度上说出了当代人的心声：钱在生活中非常重要，但钱并不是万能的。生活中有了钱，可以买吃的、穿的、用的，接下来还有房子、车子等，真是应有尽有，无所不有。但是，钱却买不来友情，也买不来亲情，更买不来知心的朋友。你可以有万贯家私，你可以是亿万富翁，但真正的知心朋友却非常难找，并不是你出钱就可以得到。

人际交往中同样不能把钱看得太重，以免让周围的朋友说自己见利忘义，重利轻友，这样的判断会让自己在人脉关系网里难以立足。没有哪个人愿意结交这样的朋友："为了钱他能出卖朋友，干嘛还和这样的人交往啊？等着被出卖啊？在他眼里，我还不如几百块钱重要呢！"得到这样的论断，你的人脉关系网肯定烟消云散，再也不会有人和你交往，原因就是你心中只有钱，没有朋友。相反，那些为了朋友能够两肋插刀的人，诸如那些文艺作品中的人物：《隋唐演义》中为朋友慷慨解囊的秦叔宝、《水浒传》中舍命救友的鲁智深等，此类人的人脉关系网肯定旺，因为好多人都愿意结交这样的朋友。他们为了友情能够舍去自己的家产，为了朋友可以不顾自己的性命，这样的朋友交往不仅让人放心，关键时候还可以起到意想不到的作用。

人和人交往，有些人图的是钱，是为了钱和你结交，比如生意场上的朋友，他们绝大多数都是为了自家生意而去结交生意场的人。可是，有些人和人交往图的并不是钱，他们是另有所图。比如艺术家们的一些交往，他们交往绝对是为了探讨艺术的发展和艺术的魅力，绝非为了钱财；再比如科学家之间的交往，都是为了科学探讨和研究，跟钱财不会有任何关系。即便在日常生活中的朋友交往，也并不都是为了钱：爱好下棋的人交往基本上都是为了研究棋艺，称作"棋友"；喜欢打麻将的人交往都是为了玩麻将，称作"牌友"；喜欢旅游的人交往都是为了相约去某处旅游，称作"驴友"……因此，人和人的交往是不同的，很多交往是因为脾气性格以及爱好相同或者相近，感觉此人可交，于是就成为了朋友。这些人图的绝对是双方的友情和共同的爱好，绝对不是为了钱而和你结交。话又说回来，假如在交往中出现见利忘义的事情，那接下来的交往就会受到影响。比如麻将桌上为了十块钱和朋友吵得不可开交："不行，本来那十块钱是我的，怎么这么一算变成你的了？今天我把话撂这儿，说不清这十块钱，今天和你们没完。我和你们白刀子进去红刀子出来！"为了十块钱这么一闹，今后没人再和你做"牌友"了。

因此，人际交往中，很多人并不是图钱而交往，交往中更不可以把钱看得太重，不然，人脉关系网就会因为"钱心太重"而解散。

| 社交简史 |

社交要求给人带来愉悦感和满足感

  人脉关系网里的朋友相互交往在一起，大家都怀揣着各自的目的：商人是为了钱财而和你交往，政府机关的人是为了"某些行政资源"和你交往，喜爱文物收藏的人是为了共同爱好和你交往……仔细分析一下人脉关系网里的人，他们都是为了各自的目的和你结交，都想通过和你交往达到各自不同的目的，进而获得满足和愉悦。

  商人之间的交往大部分是为了钱财，他们是为了利益和人交往。之所以进入你的人脉关系网，主要目的还是生意场上的事情："哎呀兄弟，这单生意你就给费费心吧，不然做不成啊。兄弟，哥哥这单生意做不成，就得卷铺盖滚蛋你知道吗？你不忍心看着哥哥四处流浪吧？兄弟，咱们这样，只要你帮了哥哥的忙，我给你这个数……"生意做成了，商人满意了，肯定要来酬谢你，因为他得到了钱财，已经满足了。

  喜爱文物的人和你交往是为了自己的爱好，当然其中也不乏有利益的成分。他们之所以能进入到你的人脉关系网，肯定是因为你在文物收藏方面有一定的造诣："哎呀兄弟，那幅字画你还要给想想办法啊。那绝对是真品。哥哥我今天给你说句掏心窝子的话，那幅字画的确是郑板桥的。郑板桥的真品我见多了，赝品我一眼就能看出来。这样吧兄弟，你要能替哥哥把那幅字画搞定，哥哥我那个清末的青花瓷瓶就送给你。你不是挺喜欢那个青花瓷瓶吗……"他为了达到自己的目的，就抛出了你的最爱——

清末青花瓷瓶——让你不遗余力,最终替他搞定了那幅字画,达到了他的满意。

细想一下,你的人脉关系网里之所以出现这些人,原因是你也想让这些人为了你的事业"增砖添瓦";而这些人之所以心甘情愿和你结交,也都是为了各自的目的而进入你的人脉关系网,他们也想通过你"某些神通"达到自己的某些目的,以此取得愉悦和满足。因此,要想让自己的人脉关系网做大做强,更好地为自己的事业服务,你不仅需要广泛的爱好,更要在人脉经营方面下工夫。人的精力是有限的,但人脉资源是无限的,如何能够巧妙地利用人脉圈里各方面的关系,最终使自己以"中介"的身份让人脉关系网里怀揣各自不同目的的人们满意而归,让这些人都能从人脉关系网中得到愉悦和满足,是每一位人脉关系网构建者思考的问题。

假如你的人脉关系网里的人都能从中得到愉悦和满足,那么,你的人脉圈就会越来越大、越来越旺。随之而来的就是,随着你的人脉关系网的强大,你的"神通"也就越来越广大,能够让周围朋友得到愉悦和满足的能力也就越来越强。你的人脉关系网就进入到良性循环时期,你的事业随之也会兴旺发达。

你的强项是你的社交标签

现代网络或者某些电视剧中,时常出现这样的词汇:把自己推销出去。这样的话语让女人听到后感觉脸红心跳,这是什么意思?把我一个女人家推销出去?这是要干什么?其实,这样的想法是错误的。这里面的

"推销"并不是生意场上的推销，并不是说把自己推销出去就是把自己卖了。这个推销自己的意思，是让你在别人视线中努力展示自己的优点和长处，最终让别人感觉到你是他们需要的。这样一来，你就会进入别人的人脉关系网，而他们也就进入到你的人脉资源库里了。这是人际交往中的一项策略，并非真在"推销自己"。

推销自己，就需要在别人视野中展示自己，这么做的首要条件就是，你本身需要有展示的某些价值，或者说，你推销自己也需要有"本钱"。否则，你不会成为别人的需求，也无法进入别人的视线，更不会成为别人人脉关系网里的人，别人就不会和你结交。"那个人就那样。那两下子不行，充其量不过能跑跑腿，跑个龙套啥的。"你对别人没有需求性，别人怎么会和你交往呢？

推销自己，除了自己需要有优点和长处要展示，还要策划向别人展示的技巧和机会。首先，你要选定具体目标，感觉当前自己需要进入到人家的人脉圈子里，这样对自己的事业大有帮助。接下来，你需要了解此人当前或者长久的需求是什么，其中也包括此人的喜好。别人的需求正好是自己的长处固然更好，假如稍有偏差就需要自己去努力修补，以此成为别人需求的目标。比如你很想结交某位成功人士，而此刻他的司机"歇菜"了，他非常需要一名爱岗敬业的好司机，而你车开得不错。此时，你的机会就出现了，但是，你喜欢喝酒，这一点让自己无法成为人脉目标的需求。接下来，你就需要彻底和喝酒说"拜拜"——与酒一刀两断，然后让人引荐给这位成功人士："兄弟，尽管放心，哥哥我从今往后肯定能做到滴酒不沾。你就给人家说我从来不喝酒，天生和酒没有缘。做司机，我是天生的料！"这样一来，结交肯定一拍即合。这就是推销自己成功的事例，但过程中需要你将"酒瘾"彻底牺牲掉。

当你成为别人的需求时，你已经进入了他的人脉圈，但此时此刻，你的目标也进入了你的人脉圈。你已经为他所用，接下来，你需要寻找机会想办法让目标为自己的事业"服务"："老总，早就想给您说件事，一直张不开口。可眼下我实在是走投无路了，只能麻烦您了。是这么回事……"你提前已经预知这件事对这位老总来说属于"小菜一碟"，你又是他忠诚可靠的司机，这件事他肯定会满口答应。于是，你的目的就达到了。

推销自己是展示别人对你的需求，但前提是，这个"别人"早已成为你的人脉发展目标。你的事业发展需要这个人，你就需要首先成为此人的需求，就需要想办法将自己的某些优点和长处推销到此人的视线中，让他关注，成为他的需求，最终进入到他的人脉圈。

社交中慎用"免费"

构建一个人脉圈不容易，构建一个强大的人脉圈更需要人的苦心经营和科学管理。在经营过程中，必要时需要免费提供自己的"某些"价值："这点小事不用感谢，真的不用感谢。不就是兄弟我随手的事嘛，绝对是小意思，小意思！"话只能说到这份上，不能再往深处说了。假如再加一句："今后兄弟用着哥哥的时候，哥哥能顺利给兄弟办了，我就非常满意了。"这句话一说出口，你之前说的"不用感谢"就变成废话了，因为你后边已经有了"附加条件"：今后还要用人家。这就说明，你给人家提供的价值已经不是"免费"的了。

其实，后面的那句话根本不用说。既然你免费给朋友提供了自己的价值，并且没有收取任何报酬，你的朋友肯定都记在心里（不然不会说要感谢你）。你不用明说，当你有机会用你朋友的时候，这位朋友肯定会鼎力相助。话又说回来，假如你后边没有什么事用人家，那你这位朋友肯定也会在人脉圈里对你大加赞赏："这位兄弟太仗义了。那件事都快要愁死我了，他竟然非常爽快地替我摆平了，最后竟然连一顿饭都没吃。真是，交朋友还是交这样的朋友，真值！"这样的言辞在你的人脉圈里传阅，会让你的人脉圈更加牢固，更加兴旺，因为你的朋友还会把表扬你的那句话在他的人脉圈里传播。这无形之中就是为你做了一次人脉广告。

可是，有时候在人脉圈里也能遇到这样一种人。作为朋友，你为他做了一件事，但这位朋友没有说要感谢你的意思："好了，不留你了。天也晚了，赶紧回家找老婆孩子团聚去吧。"这还不算，有时候此类朋友还会说出这样的话："哎，这次就不请你吃饭了。上次在公园我不是也给你帮过忙吗？那次我有事没有吃你的饭。这次咱们扯平了。"这样的话有些伤友情，但朋友说出口，还真的没办法。自己想一想，感觉今后说不定还会用人家。更让人感觉伤心的是，此人还不断在人脉圈里替自己做宣传："不就是那点事吗？有什么好说的。大家都是朋友，今后谁还不用谁啊？"

因此，人脉圈里，对于免费提供自己价值的问题要适当考虑。有些时候，应该免费提供自己价值的，就需要慷慨解囊，无私奉献，比如那些能够替你做人脉广告的人。不过，有时候不应该做无偿援助，原因就是那类既不仅不为你做宣传，还对以往的旧账念念不忘的人。

人脉圈同样是一个小社会，也很复杂。人人都在为自己的事业而考虑，时刻想着让别人为自己的事业"增砖添瓦"，还时刻想方设法保护自己的利益不受损失。所以，人脉圈里，同样需要你瞪大眼睛细心观察，积极了解每一条人脉的心理。

关注那些急需帮助的人

社会上经常有一些急需要别人帮助的人。这些人，有时候出现在各种媒体上，有时候跪在马路边，还有的通过微博向各个朋友圈里传播，也有的就在我们身边……关注这些人绝对属于善举，不仅能提高自己在公众视线中的知名度，让公众对你称赞有加，还能在一定程度上让自己人脉圈里的朋友相信自己的为人处世："那个兄弟不错啊，还真没想到他能帮助山区那个孩子上大学。真是，不容易。他也不是什么大企业家，可他能做到这样。真是好人啊！"

中国传统观念里，人们都憎恨一些"为富不仁"的人：家有万贯却舍不得给急需要帮助的人一文钱。原因是大家内心都会感觉，即便是自己有朝一日落了难需要帮助，那"为富不仁"的人同样也不会出手相救。所以大家才会憎恨这种人："什么东西？钱再多也是他自己的，也会使劲压在箱子底下不让别人看见。和这种人交往有啥意思？急需要帮助的人他都舍不出一块钱，我们有事找他，他肯帮助我们吗？"正是在这样判断的作用下，人们才会对"为富不仁"的人敬而远之，不会和这类人交朋友。

相反，自己手中并没有多少钱，可看到那些急需要帮助的人之后，肯定会拿出部分钱财来帮助人家，能够对那些急需要帮助的人提供必要的帮助。你的这些善举都会印在人们的心里，你在人们的视野中成为"好人"。这样的举动会让周围的人感动："好人啊！自己也不是什么大富翁，可看到急需要帮助的人就能出手相救，这样的朋友绝对可交。放心吧，当我们有了困难需要帮助的时候，这样的朋友肯定不会袖手旁观。"这样的判断会让周围的人感觉你是"心肠好"。毕竟，大家都生活在同一个社会里，人人都愿意和"好人"交朋友。这样一来，你的人脉圈就会迅速膨胀，很多人都会"慕名而来"和你结交。

当然，社会上急需要别人帮助的人很多，凭个人的能力无法完成这项伟大的事业。不过，你可以关注这些急需要帮助的人，可以号召大家集体来帮助他们，这样你就成为公众视野中的"大慈善家"。

帮助那些急需要帮助的人，还会让这些人成为自己的铁杆朋友，因为你在他们急需要帮助的时候帮助了他们。这些人肯定对你终生难忘，会记你一辈子的好处。尽管他们在当时属于弱者，可经过你的帮助后，说不定就会有朝一日东山再起。到了那时候，他们就会主动成为你的铁杆人脉，心甘情愿为你效犬马之劳。

因此，关注那些急需要帮助的人，这些行为能为你今后的人脉圈起到意想不到的作用，同样能够让你的人脉关系网兴旺发达。

穷人打造社交圈的思路

穷人打造人脉网的困难非常大，因为"弱国无外交"。自己手里没有钱，就会在周围人眼中成为弱者，身上可利用的价值就会很少。这种情况下想要构建自己的人脉圈，困难可想而知："你和他交往干什么啊？穷得叮当响，孩子上学都是借的钱。你是不是等着他找你借钱啊？和这样的穷鬼交往，你的钱没地方花了是不是？"在这样的言论下，你的人脉圈还如何构建，如何发展？

不过，穷人发展人脉圈也并非无路可走，你完全可以从另外的角度考虑。你没有钱，但你可以搜寻自己身上不属于钱财价值的东西，比如：你的诚实可靠，你的灵活头脑，你渊博的学识，或者你伶牙俐齿一般的口才……这些都是你的无形资产。你可以细心琢磨，搜寻周围人在这方面的需求，然后想办法进入到他们的视线："嗯，这人穷是穷了点，但是人家诚实可靠。不像给我们看仓库的那个大滑头老油条，整日的满脑子就知道算计我的东西。我看啊，让这个人给我们看仓库不错，让那个老滑头滚蛋。"最终，你进入到他们的人脉圈，而他们也就成为了你人脉圈中的一员。

另外，你现在没有钱，但你同样可以发展自己。大的生意因为缺少资金做不成，你可以从小本买卖做起。依靠自己的勤奋努力发展自己，壮大自己的经济实力。在此期间，你也可以在周围搜寻可以结交的人脉，那些同样身无分文但品质优良的人，那些跟你一样经营小本生意但头脑灵活的人，你完全可以将这些人拉进自己的人脉圈："怎么着？弟兄们，你就心甘情愿这么混下去啊？想不想大家合起伙来干大的？有胆子的就跟着我闯一闯。等有朝一日发了，大家一起吃肉；万一要栽了，我第一个砸锅卖铁。"这样一来，团结起来力量大，你可以利用这帮穷哥们身上可以利用的价值，积少成多，然后开始在街面上崭露头角。等你发展壮大之后，你的人脉小圈子就不止原先那帮穷哥们了，肯定会有一些人主动上门结交你，因为你现在已经成为他们的需求，你的人脉圈下一步就会做大做强。

穷人打造人脉圈起步困难很大，麻烦也很多，但基本思路也就那么几条。要么，你通过展示自己身上非钱财的某些价值，使之成为某些人的需求，最终进入他们的人脉圈，以此来发展自己；要么，一步一个脚印发展自己，当自己成为强者之后，人脉圈自然就发展壮大了。不过，终归一点，穷人打造人脉圈，都需要自己的艰苦努力和勤奋。

Chapter 6

社交的过程是修补短板

"尺有所短，寸有所长。"每个人总会有长处，也会有短处。一个人的缺点往往会成为人际交往的障碍因素，所以对自己身上存在的短板进行补长，在人际交往过程中十分重要。比如，有的人性情暴躁乖戾，就会影响人际交往，就容易得罪人。首先，分析自己，对自己进行客观的总结，列出优点和缺点，或者长处和短处；然后，制定改进措施，严格要求自己，找身上的问题，补存在的短板，不断完善自我，为人际交往打下良好的基础。

修缮品格与德行的短板

从哲学的角度来分析，短板在某些程度上可以转化为长板，而长板从某种程度上则可以看作短板。人际交往方面的长板和短板也是如此。问题的关键在于，你能不能在人际交往方面做到扬长避短，巧妙将自己的短处隐藏起来，拿自己的长处与人脉交往。这属于人际交往方面的巧妙之处，需要本人在人际交往中多动心，细心观察朋友的特点，做到具体问题具体分析，同样能够让自己在人际交往中立于不败之地。

自己在品格与德行方面表现不是很好，比如说，自己曾经因为偷盗被司法部门劳动改造过。尽管现在已经刑满释放，可周围的朋友依然对自己存有戒备心理。其实，这不算什么，只要从现在能够做到踏踏实实工作，从今往后跟偷盗行为一刀两断，周围的人肯定能够改变对你的看法。

或许，在你刚刚从劳改队进入自己家门的那一刻开始，周围人都对你避而远之，这一点你绝对能够理解，毕竟你刚刚脱下盗窃犯的外衣。不过，接下来的日子里，你就要认真从新做人了。首先，你从自己脚下一步步走起，仔细分析自己具备哪方面的特长，假如没有特长就到街面上找工作："我是本地人，对本市区的交通比较熟悉。我身体很好，绝对能按时将每天的快递邮件送到客户手里。不行的话，你们可以先让我试行一天。"在你诚恳的要求下，快递公司肯定会让你上班。下一步，你就脚踏实地做快递工作，兢兢业业一步一个脚印，认真工作（你毕竟做过偷盗，肯定对市区地理环境和交通不是一般的熟悉)。几个月下来,你肯定能够在快递公司赢得人脉:"行啊,业务量不低,应该给你加工资了。"在这样的鼓励下,你肯定会在工作岗位上再接再厉,再创辉煌。

等你手里积攒了一定资金之后,你在快递公司的人脉朋友对你的看法会到处传播:"那个兄弟干得不错,真不错。什么?他之前因为偷盗进过劳改队?不会吧?我感觉这人很好,根本没有劳改犯的影子……"这样一来,你身边的人就会彻底改变对你的看法。你的左右邻居这段时间肯定也在观察你的举止言行,看见你在踏实工作,肯定也会对你另眼相看。下一步你就可以另立门户,寻找自己的事业了。周围的朋友也会渐渐走到你身边来。这里有个环节需要注意,你没有必要主动去找之前的朋友,因为他们对你有戒备心理。你脚踏实地干了一段时间之后,已经向他们证明了自己,下一步他们就会主动找你。

"兄弟,这段时间混得不错啊。好好,之前的事咱不提了,翻篇了。下一步,你想怎么干?我知道你有胆子,身手也比较利索,咱们一起干吧。"

此时此刻,你人生的太阳已经再一次把阳光洒在你的身上。之前的人脉关系正在渐渐恢复。你需要勤奋努力工作。接下来,人脉圈不仅能够在短时间内恢复,还能快速得到发展。

摒弃自卑，走出社交困境

社会上一些人天生在生理方面有缺陷，这是丝毫无法回避的事实。这些人无论走到哪里，似乎都能招来异样的目光，这让他们内心感到不安和疼痛。这类人在教育、招聘、工作等方面都会因此受到影响。不用说，在人际交往方面，这类人自然更是困难重重。

细想一下，之所以造成这样的局面，首先是社会上某些人对具有生理缺陷的人有偏见，其次就是这些人自己在别人面前都有一种自卑感。这两条，基本上决定了具有生理缺陷的人，其人生路途的艰难。

然而，有些具有生理缺陷的人却能在事业上铸就辉煌，比如美国"二战"时期连任四届总统的罗斯福，中国现在著名军事家、共和国元帅刘伯承，中国著名作家、残联主席张海迪，当代世界著名物理学家、被称为与爱因斯坦齐名的霍金……他们在生理方面都有比较严重的缺陷，可是，他们在人生事业方面却做出了非凡的业绩。不用说，他们的人脉圈肯定兴旺而发达，因为他们都不是一般人，所以很多人都愿意和他们交往，都感觉和他们交往是一种荣耀。

因此，生理有缺陷的人应该认识到，自己的生理缺陷已经成为事实，无法摆脱。这样走到别人面前，被别人另眼相看也是不争的事实，但是，有一样可以掌握在自己手中，那就是摆脱自卑感。要想取得事业上的成就，就需要结交必需的人脉，具备生理缺陷的人需要首先从自卑的心理阴影中走出来，做内心强大的人。做到这一点之后，你就可以在学习和工作方面奋发努力，在力所能及的学习和工作中做出比周围人还要好的业绩，肯定会让周围朋友刮目相看："哇——你太不简单了。你能做出这样的业绩，我必须向你致敬。"在这种评价之下，你打造人脉圈肯定会易如反掌，在人际交往方面也会越来越兴旺。

然而，假如你陷在自卑的心理中无法自拔，那肯定会影响到你的生活、学习、工作和人际交往，因为你自己感觉别人不会和你这样生理有缺陷的人交往，这就限制了你和别人交往的动机和勇气，就会陷入一种无法自拔的恶性循环状态："没人愿意和我交往的，就这么凑合活着吧……"这样的生活，你会难受，你的家人肯定会更加难受。因此，有生理缺陷的人要想有事业，首先要在心理上强大起来，然后才可以打开人脉交往的困境，让自己走出困局。有了好的人脉圈的支持，你才会在事业发展方面取得成就，你的人生才可以比别人更加辉煌。

提升气质，成就社交达人

日常生活中常常听到这样的言辞：某某的气质太好了，站在那里就是跟别人不一样。可是，也有这样的言论：某某的气质不行，人家一看就会看不起的。这样评价绝对有一定的道理，因为周围人的评价往往比较合情合理。

有时候。在人际交往方面也会出现这样的问题，气质和个性比较鲜明的人打造人脉圈肯定会容易得多："瞧瞧，你站在别人面前，不知道的都以为你是哪一位副市长呢。很好，跟你这样的人交往比较有面子，我愿意。"这样的言辞下，气质比较好的人脉肯定容易交往，即便是陌生目标人脉也不例外，因为一见面就能让对方内心感到敬畏："啊？啊——行行行，好好好，我一定去——"

可是，气质不好的人和人交往就显得力不从心："谁跟他交往啊？看起来让人浑身不舒服。算了吧，这不是看不起他，关键是——你跟这人交往能做什么啊？"这么一来你的人脉圈打造会非常困难。遇到陌生的人脉目标，说不定就会吃闭门羹："你是谁啊你？走走走，谁介绍来的？谁介绍来的也一样。走吧，我这边还忙着呢。"

不过，需要指出的是，人的气质是可以改变的，而且要从心理上改变。首先，气质不好的人需要从内心里强大起来："别人能做的，我一定也能做，而且还要比别人好。"在心理调适之后，下一步就需要在社会上加强锻炼。人要锻炼自己的气质，一般情况下要多干几个工种，原因是经历复杂的人气质才会鲜明。比如那些在战场上出生入死的老将军们，站在那里就是比一般人气质好。现在是和平年代，要想经历复杂一点，那就需要在多个工种、多个单位工作，并且力争在工作业绩方面做到优秀："看不出来啊，你还挺能干的。怎么样？我跟经理说说，给你个小头头干一干？"这样一来，说明你的气质增强了，原因是你已经得到了工友的称赞。

人的阅历丰富了，气质也就会随之变好，这是规律。不过，在丰富自己阅历的同时，还要注意在礼仪方面的培养。中华是礼仪之邦，很多传统的礼仪文化非常重要，对人和人交往方面的站势、走势、说话……诸方面都有严格要求。只有经过大场面的人或者经历过这方面锻炼的人才会让别人看起来彬彬有礼，气质有度。

总的来说，在人际交往方面，假如气质和个性成为了短板的话，不要气馁，因为这些都是可以经过锻炼后改变的。

冲破环境壁垒，造就更广的社交圈

在构建人脉关系网方面，有时候周围环境和社会因素也会成为发展人际关系的制约因素。比如，有人从小生活在深山，小山村充其量也不过一百多人，到附近村镇还要走几十里的山路。这种环境和社会因素就会极大地影响其人际关系的发展，让许多山里人因此被高高的大山阻隔，难以适应现代化大都市的快节奏。

但是，周围环境和社会因素在某种情况下并非能够成为制约发展人脉关系的屏障——山过不来，我过得去。既然大山把我阻隔在山里，可我依然可以从大山里走出来。

这样的具体事例很多。很多大都市里的成功人士都是从山里"走"出来的。他们为了自己的事业，为了自己的前途、命运和人生的辉煌，毅然决然走出了大山。这些人在都市结交人脉、发展事业成功之后，并没有忘记深山里的父老乡亲，他们花巨额资金将公路修建到山区。另外，大山深处还有很多优秀学子，他们勤奋学习，努力刻苦，以优异的成绩考入都市的大学，融进了现代化都市人脉圈里……

由此可见，环境和社会因素在某种程度上不会成为制约人脉发展的因素，但需要你有决心克服这层壁垒："不就是几座大山嘛，我一定要走出去，到现代化大都市里闯一闯。"这些人凭着坚忍不拔的毅力，翻山越岭，只身进入都市。他们依靠山区微薄的人脉关系，首先开始打工，凭借诚实可靠的性格，很快在都市站稳了脚跟。等积攒了部分资金之后，他们就开始从小本生意做起，渐渐发展人脉："大哥，你们的果品都是哪里进的？啊，批发市场……"他们很快瞅机会来到批发市场："大哥，你们的果品从哪里进的？"得不到回答，他就会在果品批发市场打工，结交人脉，跟着老板到果品基地直接批发。这样终于直接得到了第一手信息："不就是果品基地吗？我们山村有的是。"接下来，他很快与果品批发市场管理人员沟通好，办理了相关手续，随后贷款买了汽车回到了山区。接下来，他们将山区家乡的果品拉到了都市："真正的山区苹果，物美价廉。"新鲜的水果，价格低廉，很快打开了市场。周围的老板马上瞪起了眼珠子："兄弟兄弟，你哪里的野路子？交个朋友好不好？一切问题都好说，不要紧。我提供资金好不好？工商税务那边都好办……"这么一来，人脉道路宽了，之前的目标人脉开始主动找上门来："行啊兄弟，事业发展的不错。不要紧，今后在生意上遇到困难找我。"这样一来，人脉关系网很快发展起来，事业终于有了起色，人生的阳光出现了……

只要有雄心壮志，环境和社会因素无法制约你的人脉发展。尽管困难重重，可经过你的勤奋努力，一切困难都将踩在脚下，人脉前途一片阳光。

正确定义自己的位置，收获成功的社交圈

在人脉关系发展方面，少数人的智力水平弱会成为真正的短板。"你和他交往干啥啊？傻乎乎的。这能有什么结果？你不会有别的什么企图

吧？我告诉你啊，别欺负人家，那样不好！"听到这样的言论，的确能让人望而却步。这样一来，智力水平有问题的人在人脉发展方面阻力更大。

智力水平的确是短板，但是从哲学的角度来分析，短板可以转变成为长板，同样可以将缺点转变为优势。

其实，人本身的发展也很神秘。比如，视力有缺陷的人在听力方面有超乎寻常的能力，而听力有问题的人在视力方面同样具有不凡的水准。下肢难以动弹的人，上肢在力量和灵巧方面非同一般，而上肢有问题的人，下肢的发展同样能够让周围人感到吃惊：他们可以用下肢拿筷子，可以用下肢拿笔写字……从这样的理念出发，在智力方面有问题的人，或许在某些方面有非凡的表现。只要找到自己的优势，同样可以发展自己"领域"的广阔人脉，一样可以打造属于自己的人脉圈，一样可以发展自己的事业。不过，做到这一点需要认真观察和细心琢磨，寻找自己"人生的支点"。

这方面在古代有过先例。例如，古代文学作品《隋唐演义》里面的李元霸和罗士信。这两个人在智力方面都有问题，但二人却在力量方面具备超乎一般人的水准。尤其是李元霸，不仅力量大，武功更加厉害，被称为当时"天下第一条好汉"。罗士信武功不高，但力量方面不输李元霸。这二人在隋唐乱世都做出了非同寻常的事业，也有非同一般的人脉圈。以李元霸为例，他的人脉圈在李渊大家族里地位非同寻常，因为战场上他绝对独当一面，威名显赫……

因此，智力方面存在问题，就要想办法寻找自己的优势，一样可以发展自己的人脉圈，一样拥有自己的事业。不过，也并非有智力问题的人都能发现自己的优势，有些人只能按部就班，按照自己的逻辑思维进行生活。这种情况下，自己虽然在人际交往方面处于智力弱势短板，但完全可以利用这张招牌，此举可以吸引社会各界的眼光，让社会各界对自己的事业网开一面:"哇塞——这样的人开超市?……肯定不会糊弄人的。咱们得支持啊。"这样一来,自己的短板就变成了长板:"行啊,利用这样的优势,不仅可以免除各种税收,还可以得到社会各方面的捐助和照顾。"

有智力弱势的人打造人脉圈还需要注意一个问题,那就是"别漏水",就是要尽最大努力发展自己的人脉圈,不要漏下一丝一毫可以利用的人脉,充分利用各方面的力量打造属于自己的人脉圈。有了自己的人脉圈,就可以成为自己人脉圈不可缺少的人。只要在社会上找到自己的合适位置,同样拥有自己的事业。

理性看待身世问题,打造理想的社交圈

晋朝文人左思写过一首《咏史其二》,内容对出身下层人的前途做了详细的描述:郁郁涧底松,离离山上苗;以此径寸茎,荫此百尺条。世胄蹑高位,英俊沉下僚;地势使之然,由来非一朝……

左思的这首诗非常形象地揭示了出身底层人的无奈,尽管努力生长,可依然无法和山顶上的寸草比高下,依然被人家的小叶子遮挡。由此可以看出身世短板人打造人脉圈的困难和无奈。假如出身属于短板,这样的人打造人脉圈,还想吸收到理想的目标人脉,肯定会遇到相当大的困难:"你是谁呀?我干嘛要结交你?对不起,我不想去。不用改天,我一直都很忙。你还是死了这条心吧。"这样的闭门羹让你干瞪眼珠子说不出话来。

如此一来,社会上的一些人就非常羡慕那些有"背景"的人,人家出身高贵,打造人脉圈易如反掌:"三点过来,对,下午三点。记住啊,过

了这个点本少爷我可不候。今天让你过来，算本少爷看得起你，算给你面子。哼，一般人我都懒得理他们。"就这气势，话语间蕴含着霸气，在人脉圈一呼百应。

不过，人的身世问题还需理性看待。出身短板不要紧，只要勤奋努力，照样可以在人脉圈打造出理想的天地。首先，自己应该了解自己，草根出身，开始没有必要手伸得太高，因为自己还没有事业。第一步，应该在力所能及的人脉范围内打造人脉圈，开始发展自己力所能及的事业，依靠自己的勤奋努力，让小事业发展壮大，最终崭露头角。此时，你再将原来的人脉圈扩大，理想人脉就会主动找上门来："兄弟这几年混得不错，早就想找个机会前来拜访。是这么回事，我手里有批货想出手，看看你能不能给想个办法……哎，这样吧，我做东，咱们到饭店去详细谈一谈，房间已经订好了。"

如果出身短板的人自己感觉不好，打造人脉圈碰了几鼻子灰之后灰心丧气，意志一直消沉下去："不行，咱是草根啊。没有人会看得起我们，太难了。算了吧，我认命。"这样的心理状态下，基本失去了打造理想人脉圈的勇气，之前的事业心也会随之烟消云散。

因此，身世需要理性看待，草根出身尽管在某种程度上处于劣势，可凭借自己的勤奋努力，一样可以将这种劣势转化成优势。同样，身世显赫的人尽管在身世方面处于明显的优势，可由于其本身狂傲自大，目空一切，不长的时间内就会将这种优势转化成劣势。

总之，理性看待身世问题，保持自己的良好心态，顾大局，依靠自己的勤奋和努力一样打造出理想的人脉关系网。

| 社交简史 |

善理财的朋友让你的社交圈更"富有"

日常生活中,我们经常听说这样的问题:两个人,同样的工作,在人脉关系方面基本也差不到哪里去,工资也都是同样的水平,家庭背景也非常相似,但二人的生活水准明显不一样。其中一人,买了商品房后还买了汽车,抽机会还会领着老婆孩子出去旅游一次,小日子过得优哉游哉。可另一个人相比之下却明显不行,日子过得紧紧巴巴,勉强买了商品房还贷了很多的款,买汽车是从来不敢想的事。

于是一个问题就出现了:一样的收入为什么会产生不一样的生活?仔细分析一下就会明白,那就是二人在理财方面的差距。善于理财的人,一个月收入5000元,除了日常生活开支之外,他还能节省下2000元。这剩下的钱他不会放到银行去,他要理财。理财有很多方式,但都需要结交理财方面的人脉朋友。比如炒股,购买基金,集资投资商铺……此人完全可以将日常开支节省下来的钱变成本金去搞经营,通过理财方面的人脉朋友去做生意:"注意啊,绩优股这几天行情不错。怎么样?大家商量一下——买进!"

"哎,听说了吗?一家大型超市正在集资呢,利率比银行要高出好几倍。我的一位朋友在里边是小头头。怎么样?大家跟进——"

此人通过理财方面的人脉,获取理财方面的信息,再通过一系列的经营和管理,从中获取利润。有时候遇到好运气,能够让原来的本金一下子翻几番。时间一长，此人手里的钱就比较可观了。

另外一个人就不同，工资5000元，除了日常开支也能节省下2000元，可这2000他都会放到银行去："瞎折腾啥？还是放到银行里比较放心。理什么财？媒体上边不是说，一个人几百万交给别人理财，过三个月就剩下几毛钱了。"此人之所以有这种心理状态，其主要原因还是没有理财方面的人脉朋友，他不相信陌生的理财人。假如他人脉圈里有自我感觉比较可靠的理财人脉朋友，说不定他就也会去投机经营。

从以上两个人的例子可以看出理财在生活中的重要性，也能了解到人脉圈中人脉朋友的重要性。有了理财方面的知心朋友，你就可以放心去参加理财，就能获取资金。反之，自己人脉圈没有理财方面的朋友，就不会相信陌生理财人，就只能按照自己的思路走。现代社会是商品经济社会，最为突出的就是做什么事似乎都离不开钱。毕竟，商品社会上到处都是商品，没有钱无法买到理想的商品。而在一定程度上，人脉就是"钱"，好的人脉就可以为你增加生财之道。比如理财方面的人脉，这些人能够引领你理财，让钱渐渐变多："你放着钱能干啥呀？那样的钱是死钱。你要想办法让钱活起来，像一颗禾苗一样渐渐长大……"

因此，在当今商品经济社会中，人要多结交一些人脉，尤其是理财方面的人脉，这样能让你手里的钱变成"活钱"，才能够增长、增多。

突破自我,让自己的社交圈"活"起来

细心观察身边的人你就会发现,有些人在人际交往方面显得非常活跃,人脉圈经营管理得非常到位,家里时常人来人往,其中不乏人们日常说起的成功人士:"哎呀,是你啊,真没想到啊!你能到我这破家小院,难得啊!也不知是哪阵吉祥小风把你吹来了?"

"你看,我是慕名而来啊。我想你一定会欢迎我的。知道为什么吗?因为我给你带来了财路,你一听准高兴。"

此人的话语马上将家里的人都吸引了过来,大家都想聆听一下来者的财路。这么一来,此人的人脉显得异常活跃,非常兴旺。这类人干的工作不一定显赫,身份也平平常常,就是在人际交往方面特别擅长,能够巧妙地利用人脉里边的各种人才,然后自己再经过巧妙安排,最终能够将一般人办不到的事办到:"怎么样?兄弟我给你搞定了。你别看兄弟我身份一般,但兄弟我能办事。"

相比之下,有些人则不善于人际交往,在这方面显得笨嘴笨舌,从来不愿意去结交一些陌生朋友,只知道做好自己的本职工作:"见那么多陌生人干啥?那叫吊儿郎当!再说,人家心里愿意给我说话吗?干好自己的本职工作比啥都强,在单位里绝对能说话。"

不擅长交往的人的人脉圈比较窄小,也就是平时自己工作和生活期间的周围人,除了工作和生活必须要接触以外,几乎就不怎么和别人交往

了。这样的生活，这种交往人脉的方式和程度，肯定属于人际交往中的短板。在遇到生活和工作之外的一些事，这类人马上就会挠头："这事……我不懂，我也没有这方面的朋友。可是，像我这样的工作，我怎么能交往到那样的朋友呢？"这就是人际交往的差距。真正遇到生活中的困难后，才会想到要结交朋友。临时抱佛脚也要会"抱"才行。这种不擅长交往的人，即便是因为办事困难选定了目标人脉，在结交方法上也难以如愿。他们要不拿着礼品，要不直接邀请人家去饭店："啊——不好意思啊，我是×××。你看，我主要是有件事想求你办一下……"结果，自己的话还没说完，对方已经把电话撂了。这样一来，不擅长交往的人就会勃然大怒："我就说我不是这块料子你们偏不信。我不擅长和陌生人交往，你们又不是不知道？偏偏让我干这个……我不干了。你们爱怎么办就怎么办。"结果，撂挑子了。

不擅长交际的人在构建人脉圈时的表现肯定属于短板，不仅仅属于性格方面的问题，此类人内心深处就不喜欢和陌生人脉交往，这直接决定了其人脉圈的规模。如此一来，生活和工作中遇到比较难办的事情就开始总结自己的人脉——"结网"，此时就显出"庐山真面目"。从这个角度上说，不擅长交往的人真的需要从内心深处了解一下自己，或许能改变这种被动局面。

压力转化为动力，得到你想要的社交圈

或许，包括我们自己和周围人在内，都承认现代社会"压力山大"。首先，生活方面，质量需要提高，买房子，接下来买车子，老婆还想穿金

戴银，要名牌；其次，工作方面，上级的指令似乎越来越严格，可工作似乎越来越难干，好像社会似乎也越来越复杂；最后，孩子上学方面，如今现在提倡胎教、幼教，要从娘胎里开始教育，这都需要花钱，都要从自己的收入中支出。每当老婆领着孩子要去幼儿园时，刚要出门却回身一句话："哎，孩子下月费用需要交了啊？你有没有？"听到这句话，假如你口袋中或者银行存单上有钱，你还可以理直气壮地说："不要紧，明天给他们。不就是两千多块钱嘛！"可是，假如你现在身无分文，你听到老婆这句话心里肯定发颤：作为老婆的丈夫和孩子的爸爸，我合格吗？

　　人人承认来自社会上的压力，这种压力也会直接影响到人脉圈的打造。比如上面的例子，在老婆送孩子去幼儿园时，你才感觉自己现在没有钱，心情非常沮丧。此时，你准备去结交目标人脉，按照计划准备和目标人脉一起去水库钓鱼。这样问题就摆在面前：假如你能顶住内心的压力，表面上不露任何声色，依然高高兴兴跟着目标人脉去钓鱼，最后圆满完成结交人脉的目标，说明你"耐压"；反之，因为孩子上幼儿园缴费问题让你心情烦躁，将跟着目标人脉一起去钓鱼的事抛之脑后，然后想办法借钱去了。这样一来，说明你没有顶住生活中的压力，让压力影响到了人脉圈的发展。

　　或许有人会说：按照你的做法，孩子上幼儿园的费用就不管了吗？难道那样做就正确了？不是那么回事。孩子上幼儿园的费用，完全可以拖一天两天，等将这条目标人脉吸取到自己人脉圈里之后再去处理那件事。人要有长远利益打算，只顾眼前的生活小事儿忽视了人脉交往大事，终究会被生活中的一些小事所累。可是，结交了目标人脉，让人脉关系兴旺发达后，事业就会有新的起色。事业有了发展，生活就会随之跟进，再不会为生活小事所困扰。

　　常言说，没有压力就没有动力。如何在人际交往方面将压力转化成为动力，是每个人脉圈构建者所思考的问题。我们应该这样考虑：正因为有压力，所以才大力发展自己的人脉关系，以此让自己的事业有所发展，减轻心理上的压力。

假如无法摆脱来自生活或者工作上的压力，那样将会对自己的人际交往产生很大的打击，从精力和时间上都会被生活和工作的事务所累："实在太忙了，真的去不了。没办法。弟兄们吃好喝好玩好就可以了。"这样的话不断在朋友耳边萦绕，朋友们的心就会慢慢远离你，最终，你的人脉圈就渐渐缩小……

我们的压力的确比较大，但是我们需要"耐压"，否则，压力就会成为我们人际交往方面的短板。

转变思路，补足社交短板

生活中有思路，你的生活就会越来越好；工作中有思路，你的工作业绩就会越来越突出；人际交往中有思路，你的人脉圈就会在你的经营管理下越来越兴旺，你的事业也就会随之而越来越辉煌。

经营管理自己的人脉圈同样需要有思路，需要构建者用心去经营管理，那才有起色。可是，假如构建好的人脉圈早扔到脑后不管了，自己整日迷恋上了钓鱼，除了生活工作之外其他时间都是钓鱼："别说话了。我正在水边钓鱼呢……好好好，你们先忙，啊，我的鱼上钩了。"听到这样说话，你的朋友肯定感觉心凉："安心钓你的鱼吧，心里没有兄弟朋友了。"这样，时间一长，你的人脉关系就会受到影响。

| 社交简史 |

相反，在人际交往方面不断有新的思路出现，加之自己本身在人际交往方面又具备很多先天性优越条件，自己的人脉圈机会越来越兴旺："哎——兄弟，哥哥我昨天在旧货市场上捡漏了，你想不到吧？哥哥我花了几百块钱买了一件金丝楠木的椅子。不不——我识货，不可能是假货。不相信是吧？好好，明天你过来看看。哎——别忘了把你单位的哥几个都带上，也让弟兄们都见识一下啊。"第二天，几个朋友来到，欣赏贵重家具之后，中午到饭店再回味交流一下这方面的经验，增进了朋友间的友情，扩充了人脉关系网。

"哎——兄弟，哥哥几天没见你了，怪想的。东大街西口才开了一家川菜馆你知道吗？哎，哥哥就知道你喜欢川菜。这样吧，明天哥几个过来，尝尝味道怎么样。啊——你和你们科长上午开会？那你还犹豫啥？把科长也拉过来啊，哥哥我会感觉非常有面子你知道吗？兄弟，你就给你们科长这样说，哥哥我前一天就给你们科长下了请帖啦！"

这样，不断在新的思路上拓宽人脉关系，让原来的人脉关系不断加强的同时，新的目标人脉也在不断增添。这样的经营管理思路，只能让长板变得更长，人脉关系越来越旺，事业也会快步进入辉煌阶段。

假如自己在人际交往方面有某些短板，可只要能够在人际交往方面不断有新的思路出现，一样可以让短板不复存在："兄弟，听说西山水库水大了，里面新增了新的鱼种。怎么样？明天咱们开车去钓一下？不要紧，哥哥的腿瘸也不是一天两天了，再说也不碍钓鱼的事啊。开车去啊，老地方见！"

因此，工作和生活一样，只要在人际交往方面用心，就会不断有新思路出现，同时也不断增加新的人脉。这样，你的长板就会更长，短板就不再短了。

Chapter 7

社交要求视情况进行自我完善

人的优点和缺点是相对的,不是绝对的,世上没有绝对的优点,也没有绝对的缺点。对于优点和缺点的判断因人而异,因为判别的标准因人而异,这个人认为是优点,而在另外一个人看来则有可能是缺点。所以说缺什么不一定非要补什么,在完善自我时需要依据特殊的环境实事求是地分析,要使所补能够在人际交往过程中显示出最大价值。

社交要求一：不善言谈，成就彼此

个性鲜明犀利是优点，也是缺点。有的人性格内向，不善言谈，思想观念倾向保守，自己或许会认为是缺点，其实任何事情都有两点论。这样的个性在社会交往的过程中，常常会是不可多得的优点，这主要表现在：

优点一：这样的人不善言谈，却善于倾听，这往往会给对方一种很舒适的感觉。大多数的人趋向于表现自我，而一个愿意让别人展现自我的人会让对方产生好感，进而愿意与你交往。一旦有了良好的开端，就很容易搭建起人脉的桥梁，形成一种"朋友多了路好走"的良好局面。而且善于倾听也是一个非常好的习惯，在倾听的过程中很容易接收到对方想要表达的意思，及时给予回应，即使话不多，但能说到点子上就能引起对方的共鸣，引发他的认同感。

优点二：不善言谈有时是一种沉稳的象征，并不是必须侃侃而谈才能建立好的人际关系。有些人不善言谈，却给人一种沉稳、大气、不浮躁的良好感觉，更能让对方产生信任和依赖。

优点三：纸上谈兵与夸夸其谈都不能成就大事，说的多了很多时候行动就少了，不善言谈的人大多行动力强。一个善于表达但并不落实于行动的人，和一个不善表达却能真正做事的人，往往是后者更容易获得信任和好感。如果不善言谈、性格内向，不要急于自卑和自我否认，一方面提高表达能力，一方面增强行动力，说行合一，更能获得认同。

综上所述，在人际交往中，既要了解准确表达、良好沟通的重要性，也要探求守拙对于人际交往的价值。甘做一个锋芒不露的"钝人"，对于人际交往的好处有以下三点：

第一，成就对方也成就自己。给对方一个表现的舞台，他会感激你，拉近彼此的距离。人际交往的本质就是把陌生的、不够亲近的关系变成可以利用的、拓展的关系。当两个原本没有交集的圆有了交集，可能会产生一个环环相扣，圈圈相套的良好互动圈。如果只顾展示自己的个性而不给对方留有余地，可能这一环就会断裂，也就不会有后来的人际拓展。

第二，保护自己也不误伤对方。守拙和"钝人"，并不是真的拙，也不是真的钝。宝剑锋利尚需剑鞘保护，什么原因？锋利是其优点，容易伤人是其缺点。如果一味展示锋利而不掩藏其光芒，在收获的同时也可能伤人于无形之中。比方说，两个人在交际中，一方只管展示自己的好口才，而不给对方表达的机会。一方面会引起对方的反感，认为此人太过自大，不够谦虚和忍让。另一方面，言多必失，说的多了，出现纰漏的几率也相应增加，也许会在无形中得罪对方，或者让对方有机可乘，破坏双方的友好关系。

第三，厚积薄发。中国有句古话"大智若愚"，其实就是对守拙最大的认同。把自己的想法和认知藏在心里，不代表心里不是雪亮的。有时候不必要让对方完全看透和了解自己，自己了解自己是更必要的。在某些场合，适当地藏拙，会让对方感觉你深不可测，在行动和交流中可能会有所忌惮，无形之中你会站在有利的地位。

社交要求二：不能样样占全，只能扬长避短

近年来逐渐被管理界广泛认可的九种类型人格显示，人的性格可以分为以下九种类型：完美型、全爱型、成就型、艺术型、理智型、忠诚型、活跃型、领袖型、和平型。单从字面意思就不难看出，在茫茫人海中存在着多少性格相异的个体。这些性格特点直接导致了个体的主要性格特征和交际特点。一个人可能同时具备几种性格特点，他可以是成就型，同时也是艺术型，可以是完美型，同时又是领袖型。但是在一个个体身上，不可能同时具备九种性格特征，在具备某种特质的同时，也可能缺少某种性格特征。

而另外一种气质类型的学说，是由格林在希波克拉底的体液学说基础上创立的。而在以后的发展过程中，又逐渐形成了四种经典的气质类型：多血质、粘液质、胆汁质、抑郁质，并对这四种气质学说的特征做了详细的分类阐述。根据这四种气质类型，每个人都会有不同的个性特点，而这些个性特点也决定了他们的职业方向。

不论是九型人格学说或者是气质类型学说，都表明个体具有独特的个性特征，而且不尽相同，这也说明了每个个体对于各种优点都不能样样占全。而面对这种不尽如人意的结果，不必焦躁也不必难过。首先上帝对每个人都是公平的，每个人都一样不是十全十美的。其次对于这种结果，先知们已经给了我们很好的答案。鲁迅先生曾经说过："去其糟粕，取其精

华"。对于天生的或者是后天形成的性格特点，要彻底丢弃是很难的，因为"江山易改，本性难移"，但是有一个很好的办法，那就是扬长避短。

为什么要扬长避短？这是一个很好的问题。对于改变，每个人都是避之不及的，因为改变是痛苦的，人们习惯性地喜欢待在心灵舒适区而不愿做出改变。但是如果不改变会带来更痛苦和更可怕的结果，那么我们就不得不去做出改变，丢掉不好的习惯，树立新的有利的习惯。比方说，一个不善言谈的人，他的保护色就是不多说，把所有的想法都藏在心里。然而在社会交往中不会需要全然的"聋哑人"，一味的装聋作哑很可能失去该得的利益。你不表达出来，别人如何参透你的真实想法？中国人很讲究礼尚往来，实际上放眼全球应该都是这样的。人心换人心，你把自己武装的太好，就像穿了铠甲，别人怎么触及你的内心进而与你深交？这和中国明朝后期的闭关锁国道理是一样的，过度保护自己，同时也失去了外来的利益。很多人总说自己没有朋友，这样的后果其实都是自己在日常的人际交往中日积月累导致的。

社交要求三：掌握各种社交原则

在社交关系中，遵守社交原则可以拉近人与人之间的关系，建立良好的社交关系。比如说，给对方留下良好的第一印象、寻找共同的话题、做个好的倾听者、投其所好、寻找双赢的利益关系、真心实意等等。下面这些"原则"供读者参考：

第一，投其所好。这一点在爱情里体现的尤为明显。"窈窕淑女，君子好逑",怎么求?谈过恋爱的人都知道,要想得到心上人的回应,首要的追求手段就是投其所好。一般男士会送花、送小礼物等,也会用一些对方喜欢的实际行动打动对方,最终抱得美人归。人际交往也是一样的,投其所好会直接产生强大的效果。一个人喜欢喝酒,你与他把酒言欢,在适当的时机再送上一瓶好酒共同品酒,酒过三巡,酒酣耳热,四海之内皆兄弟!或者你想交往的人喜欢赏花,那多从花草绿植的角度作为切入点,引发共鸣,相信很快就会成为"花友",距离也就拉近了。

　　第二,寻找双赢的利益关系。前面说到人脉就是财脉,人脉就是事业脉,也就是人脉当中除了表面的情深意重,还隐藏着重大的利益关系。成人的世界就是这么真实,不像小孩过家家,一会儿恼了一会儿和好了,完全在于心情。人际交往中的复杂关系千丝万缕,最终逃不过利益关系。当双方有了利益关系的时候,人际关系网就很容易建立起来了。当你想要建立这个人际关系网的时候,不妨送上双赢的利益,以此换取一张人际关系网。这里不得不说的是一个真实的案例。有一个没有任何背景和后台的小伙子,想要包工程,但是他没有门路也没有太大的实力,怎么办?他通过朋友的朋友联系上某些部门的主管人员,成功地取得了工程,获得了利益。

　　第三,真心实意。许多人在人际交往中只考虑利益关系,不放真心进去。在同等的条件下,付出真心的人可能会有更多的机会。毕竟人类的通性是即使自己虚伪对待别人,也希望能有人真心对待自己。至于放几分真心下去,那就是"仁者见仁,智者见智"了。

　　第四,委婉一点更容易得人心。有些人说话或者做事的方式很直接,自己的目的达到了,却很容易伤害到别人。想要获得良好的人际关系,不妨学着委婉一点,有些时候并不是两点之间直线最短。"良药苦口利于病,忠言逆耳利于行。"在苦药中加点糖,既能治病又不苦口,岂不是两全其美？换个方式表达，让人既愿意听又愿意接受岂不是更好？比如上级面对下级的错误，单纯的斥责会让对方下不来台，还有可能怀恨在心。但是善意的指导不但让对方了解自己的错误和不足，还会产生感激之情，拉近彼此的距离，形成良好的互动，工作也更有效率。

第五，雪中送炭。世人常说，锦上添花的人多，雪中送炭的人少。在人际交往中，不要一味地考虑利益关系，多用几分真心，谁人都有可能落难，目光长远一点，在别人遇难时多加关照，一旦此人东山再起，你也就多了一个铁杆盟友。

社交要求四：保持平和的心态

"富贵不能淫，贫贱不能移，威武不能屈，此之谓大丈夫。"——出自《孟子·滕文公下》。意指不论遇到何种境况，都要保持平和的心态去面对。好的心态，对于人一生的发展非常重要，它指引我们勇于面对各种有利或者不利的环境。面对日积月累形成的良好人际关系，也要有一个好的心态，才能更长久地维护好。什么样的心态在人际交往中可以称为好的心态？

第一，不卑不亢。人在社会中，扮演着各种角色，也与各种各样的人交往。有的人比自己地位低，有的人比自己地位高。在人际交往中，要做到不踩低，也不攀高，才能保持自己高贵的人格，赢得良好的人际关系。一个人的发展道路不是固定的，以前不如你的人，很有可能长江后浪推前浪，超越你；比你强势的人，也有可能失利败北。不卑不亢，才能使你站的笔直，不至于因为鄙视过别人而反遭人鄙视，失去拉拢和建立人际网的机会，也不至于因为过度追捧别人而此人大起大落引起你的人际关系网产生重大的震荡。而且这也会成为你在交际中的名片，为你赢得声望，为以后的人际交往关系搭桥铺路。一个在交际圈中声名狼藉的人，是不可能获得好的交际关系的。

第二，能屈能伸。保持良好的心态，面对不好的形势能不以物喜，不以己悲，得之我幸，不得我命。比如说原本合作得很好的供应商，突然转而跟竞争对手合作了，不要慌，及时查找原因。是对方给出了更好的利益，还是自己无意中破坏了原本良好的人际关系？还是有心人刻意破坏你们的交往？无论是何种原因，都要及时修正错误，采取有效措施，争取把损失降到最低。不要为了所谓的自尊，也不要意气用事，放下身段，才能收获更多。蜘蛛永远不会因为网被破坏从此就不织网，因为它知道如果不修补只会失去生存的机会。

第三，用心经营，不计得失。有一幅漫画，画的是蹲了半天厕所却只放了一个屁，题目就叫作"努力了半天却只是个屁"。但是如果不努力呢？那就是连个屁都没有了。虽然粗俗，但是道理浅显易懂。不论是人际关系的经营，还是生活的态度，都应该是努力了就好，结果不重要，重要的是过程中你已经努力过了。比如说，你用心去经营了某段人际关系，但是对方就是不领情，或者有更强大的对手抢走了这段关系，也没有必要因此患得患失。努力过了，就没有遗憾了，也许更好的在后面等着你。

不计得失还可以理解为在人际交往中豁达、大度，不因蝇头小利而斤斤计较。比尔·盖茨不会弯腰去捡地上的一百元，因为在弯腰的那一瞬间他所能创造的价值远远大于这一百元。你的一次退让，可能换来对方更大的回馈。你敬我一尺，我敬你一丈，不也是我们老祖宗留下来的交际智慧吗？锱铢必较，非要争个高低，也会给自己留下不良的社交名片，影响日后的人际关系。

社交要求五：世事洞明，不忘初心

我们知道，人心是最难测的，也因此，人际关系也是很脆弱的。你以为很坚固的人际关系，可能在外力作用下不堪一击。面对这样的结果，不必要战战兢兢，如履薄冰，更没有必要因噎废食，从此不再交往。在人际关系中，随机应变很重要，抛开固执和成见，才能撕开破网，重织新网。

首先要正确认识人际关系的特点：

人际关系不是一成不变的。人际关系就像一副牌，这次可以组成一个对子，下次可能会需要拆牌。随着生活状态的改变，人的社交活动也会相应地改变。18岁时的交际需要与28岁时的交际需要是不同的，身价千万的人和曾经身为普通百姓的交际需要也不会相同。

人际关系是十分复杂的。人际交往的目的不同，且又会掺杂个人的情绪在里面，导致人际关系的复杂性。同一个交往对象，今天心情好和明天心情不好，会导致完全不同的交际结果。比方说，销售人员去拜访客户，正好遇到客户有开心的事情，第一次的拜访非常顺利，双方相见甚欢。等到第二次去拜访，恰逢对方厂里发生事故，正在气头上，可能就会对拜访的销售人员不假辞色，导致销售人员无功而返。

人际关系是有目的性的。从古至今，人际关系都存在着一定的目的性。人与人之间的交往，志趣相投的，其目的是在一起交往的放松和愉快；图谋金钱或者对方的社会地位的，其目的是直接的利益关系。在市场经济的大环境下，人际关系的目的性更为突出。

在复杂多变的社交环境下，应该如何维护好自己的社交关系网呢？

以动制动。当社交需要随着时间或者环境的改变而发生改变时，也要根据实际的需要做出适当的改变。以不变应万变是一种心态上的阐述，比方说要有一个好的心态来面对各种艰难险阻，并不适应行动上的改变。以动制动才能建立和维护好自己的人际关系。一个人在 18 岁时，涉世未深，天真烂漫，交友不考虑太多复杂的因素。如果到了 28 岁、38 岁时还"天真烂漫"，不问世事，那就有点不能适应社会的发展了。有些人还自命清高，自诩不与别人同流合污，就有点与社会脱节了。想当然，顾及了太多个人的情绪，其他方面的收获就少了。

兵来将挡水来土掩。面对任何一种社交需要，都不要畏惧和排斥，坦然面对是第一步。在社交过程中，通常会出现一些负面的情绪，畏惧、反感、排斥、缺乏信心等等。首先，要给自己一个心理暗示，地位再高的人也是人，没有三头六臂，因此没有必要自己吓自己。其次，他们有着正常的社交需要，并不是孤立于社会之外的，我们的社交需要并不一定完全受排斥和不受欢迎。再次，就是失败了也没有什么大不了，可以再寻找新的关系。

社交要求六：创建和经营自己的优势

在现实生活中，不论是调侃或是感慨，有一个词被逐渐认可，那就是"拼爹"。"拼爹"的意思就是有背景、有后台，自古以来就有"朝中有人好做官""一人得道鸡犬升天"的说话，与这个"拼爹"有异曲同工之妙。有"爹"可以拼的时候当然很好，有上好的资源可以利用，省去许多麻烦，不用白不用。但并不是所有的人都有这样的资源优势，这个时候该怎么办？两个选择，一是任命，得过且过，二是自己经营和创建属于自己的资源优势。毕竟所有的事情都是从无到有，也不是所有的优势都是永恒的。

先来认识一下资源的优势：

一、拿来就可以用，不需要费心去经营。

二、存在一定的不稳定和不确定性，一旦发生某些变动，优势可能会消失。

再来认识一下没有资源，需要自己去创建资源的优劣：

一、没有直接可用的资源优势，需要用心去经营来获得；

二、在建立人脉的过程中，学到更多的方法，获得更宝贵的经验。

那么该通过什么样的具体方法，来为自己积累有利的人际关系、扩展人脉呢？

第一、给自己打一张好的社交牌。人际交往中有一个铁的定律就是物

社交简史

以类聚，人以群分。通常来说，什么样的人就会有什么样的能力，也就会有什么样的社交群体。从古至今，在爱情中都讲究门当户对，否则即使能够得到祝福，恐怕所谓的爱情也敌不过生活的考验。社交关系中也是这样的，勉强得来的不对等的社交关系，本身就是非常脆弱不堪一击的。要想建立长久的、稳定的社交关系，必须为自己打造一张好的社交名片，吸引相同的、良好的社交关系。就像许多公司的招聘简章，招聘条件是大专以上学历、有相同岗位工作经验者优先。这里就设定了两个前提条件，一个是具有大专以上学历，一个是具有相同岗位工作经验。如果你两个条件都不具备，那么抱歉，你没有应聘资格。社交关系也是这样的，如果你不能为自己赢得良好的社交名片，那么想要打进某个社交圈子，那就非常困难了。

想要打造好的社交名片其实并不难。首先，要树立一个观念，就是一定要维护好自己的社交名誉。如果不在乎社交名誉，就很难有相应的行动，也就很难形成自己的良好声誉。其次，要为这个好的名誉付出实际行动。在别人眼中是仗义疏财的形象，就要记得朋友有通财之义，在朋友落难或者需要帮助时不要袖手旁观，要知道"赠人玫瑰手有余香"，今天你帮助了别人，明天你需要帮助时才有可能获得别人的帮助。想要塑造领导力的形象，就要在工作和生活中展示自己的领导才能，以此服众。

第二，没有条件，创造条件也要上。哲学上有个命题就是没有条件怎么办，答案不是没有条件也要上，而是要创造条件。没有条件非要上，不仅结果不乐观，还会打击自己的士气。记住，自己力量不够的时候，要学会借力使力。只要借力得当，同样可以达到目的，曲线救国也能救国，别人"拼爹"你"拼娘"，效果都一样。雄霸上海滩的杜月笙，当初不过是一名不见经传的小弟。没有任何背景和靠山，这样低下的位置如何能够爬到上海滩的龙头座椅上？他做了两件事，一个是讨好黄金荣的小妾，让贵人为自己多说好话；二是敢于弃财，广施小利。最后获得了各方面的认可和支持，最终成就大事。

社交要求七：求同存异，灵活变通

哲学上讲求"因地制宜""实事求是"，意思就是做什么事情都要灵活变通，根据实际情况找到适合的解决办法，通往罗马的道路并不是只有一条。在处理人际关系中也是这样的，不知变通、固执己见是无法处理好人际关系的。人际关系的特点之一就是多变性，如果一味坚持一种方法，注定不能获得良好的人际关系。

实际上，在人际交往中灵活变通可以获得巨大的收益，原因有以下四点：

一、求同存异才是公平的、正常的、健康的、长久的交往方法。

在社会活动中，每个人都是独立的个体，都有自己的意识、思维、个性，以及交往需要，不能要求所有的人千人一面，压抑个性，配合别人，这样的交往关系不会长久。即使是国家总统，也需要听从民意，不能一意孤行。在企业中也是如此，公司内部通常都会定期开会，听取各级管理人员以及员工的意见。

二、正确定位在人际交往中扮演的角色，完成角色转换。

不同的交往关系中，需要不同的交际方法。与同事之间的人际交往，与领导之间的人际交往，与父母、子女、与朋友的交往等，扮演的角色是不同的，交际方法也需要转变。第一要明确自己的角色需要做好哪些交际工作。第二是明确对方在人际交往中有什么样的交际需要。比方说，在与领导的交往中，除了像朋友一样平等的交际原则，还需要一种尊重。因为在社会地位上，领导要比你更高一些，他有被追捧的社交需要。如果你对待领导就像对待自己的朋友一样，只顾哥俩好，肯定不会得到领导的青睐。同样的，你是某某单位的领导，在与朋友的交往中，就不能像对待下属一样对待自己的朋友，因为朋友和你的交际关系是对等的，他并没有处在更低一级的社交地位。

三、保持双方独立的人格，互相尊重交往才能长久。

在一段正常的交际关系中，双方的人格应该是平等的、独立的，即使短期内一方可以忍让、委曲求全，时间长了也会出现问题。我们经常看到的、听到的家庭矛盾，大多数是互相之间不能包容、彼此都想占据上风导致的，如果双方能够建立起平等的交往关系，婚姻关系就能经营的很好。朋友之间也是如此，不要总是要求对方付出，而自己只顾享受，因为谁都不欠谁的。拥有的时候不去珍惜，失去就会追悔莫及。

四、弄清楚社交活动的目的，对症下药。

在现在的社会中，很多时候人际交往是带有一定目的性的，这就要求我们在人际交往中明确对方与自己结交的目的，然后选择交际的方法。如果对方单纯的只是为了利益关系与你结交，这种人际关系可能因为本次的利益关系形成或消失，而变得薄弱或者破裂。如果你一头热地加入许多个人的情感因素，可能就会因此患得患失，形成负面的情绪，影响个人的生活状态。朋友告诉你某人和你交往就是因为你是某公司的主管，你却觉得对方和自己交往是因为自己的人格魅力，那么一旦你不在这个位置上，可能就会遭遇失落，感觉自己众叛亲离。

社交要求八：充满诚意和信任的交往牢不可破

在人际关系中，没有永远的朋友，也没有永远的敌人。近几年，经营这个词得到广泛应用。企业需要经营，婚姻需要经营，人际关系也需要经营。经营得宜，人际关系网越织越大，不用心经营，则可能反受其害。这里有个经典的案例，就是官渡之战。我们都知道官渡之战是有名的以弱胜强的战役，是什么扭转了劣势，让曹操反败为胜？这其中就牵扯到了人际关系的重要性。在三国中，袁绍的性格是才大志疏，刻薄寡恩，刚愎自用，套用九型人格就是领袖型的人物，有其领袖的能力，却也有着攻击性和侵略性的缺点。在人际关系中，不信任人，也不广为施恩，导致手下的许攸临阵投敌，献计于曹操，最终导致了战争的失败。人际关系的形成非常困难，破裂却非常容易，所以一定要用心经营自己的人际关系。

怎样才能经营好自己的人际关系，获得长久有效的人际关系，甚至得到曾经敌对的人际交往呢？

用心比不用心得到的效果不知道高出多少倍。既然决定交往，就要释放足够的诚意和善意，以及足够的信任。这种观念放之于朋友、合作客户、上下级等关系之间，都是适用的。如果决定交往，还要各怀鬼胎，那么这种交际关系会是非常薄弱，不堪一击的。就像袁绍之于许攸，如果袁绍多一点对下属的信任，善于倾听，多采纳下属的意见，又怎么落得失败的下场？归根结底就是没有用心经营自己的人际关系网，尤其是自己最贴近的人际关系。

过河拆桥、卸磨杀驴的事情不要做。有些人把人际交往当作单纯的利益交换，一旦失去利用价值就弃之不顾，或者过河拆桥、卸磨杀驴。要知道中国有句古话叫"买卖不成仁义在"，即使没有利益纠葛，也该保持良好的风度和气度。人际关系网是一张大网，每个人的交际网都在其中。尤其在同一个城市中，很多时候是抬头不见低头见，彼此的朋友也都认识。你得罪了任何一个，都有可能导致交际网的破裂。

临时抱佛脚，佛不一定让你抱。人际交往要时时维护、修补、扩大，不要等到需要用到的时候才去创建。蜘蛛总是织好网等待猎物自投罗网，而不是肚子饿了才开始织网捕捉猎物。

即使不能维护好现有的交往状态，也不能任其变坏。人在社会中，会有很多的人际关系网，有些会因为常联系而坚固，有些则因为时间长了不联系而逐渐疏远。因此，不管是不是很忙，都要定期与朋友、客户等人际交往圈保持联系。"有了新朋友，不忘老朋友"，才能让你的人际交往稳固，否则一旦出现某种裂痕，想要修补可就舍本逐末了。

社交要求九：适当地保持自己的特色

《水浒传》中，宋江以急公好义著称，人称"及时雨"，其他性格特点并没有赘述。武松则是有一身好武艺，急侠好义，路见不平，拔刀相助。一般来说，每个人都会兼具好几种性格特点，但是其中某种特点更为突出，形成自己独特的性格特点，也成为自己的社交名片。这就像哲学上的矛盾学说，矛盾有主次之分，分为主要矛盾和次要矛盾。比如我们提起某人来，会形容这个人比较仗义、比较吝啬、比较高不可攀等，都是这个人最为突出的、也被大家广为认知的性格特点，也就是说，这个人的气场主要是由某一块长板形成的。

那么，如何利用自己的性格特点为自己营造强大的气场呢？

既然形成一个人气场的关键是某一块长板，气场强大或者弱小都是如此，那么，要想形成强大的气场，建立良好的人际关系，必须正确审视自己的性格，找出自己性格里的长板，分析其对人际关系是有利的还是有害的，然后扬长避短，把有害的长板设法变短，让其他优点凸显出来。获得相关信息的办法是自我检查和利用信息收集法，从其他方面得到别人对自己的评价。因为旁观者清，他们对你的评价更加客观。如果你在朋友的眼中是消沉的，是人人避之不及的负能量的来源，那么你就要修正自己的人生态度，遇事尽量乐观、开朗，做一个正能量的人。

认清自己的性格特点，适当做出改变，以自己能接受的程度为准。塑造自己的过程会很痛苦，因此也不要过于强求，实在接受不了也不要太过勉强，否则不仅不能令结果变好，还会出现反作用。另外一点需要注意的是，不要过于依赖于外界的需求，强迫自己去做到别人眼中的你自己。失去自我会让你感觉很痛苦，也没有必要。比方说，一个人的性格比较内向，却碍于经济压力想去做收入较高的销售工作。而销售工作我们知道，需要性格外向、活泼、沟通能力强，这种时候会出现两种不同的结果：一是这个人强迫自己做出改变，适应销售工作的需要，二是根本无法胜任而导致自己非常痛苦。最后做出抉择的时候到了，是强颜欢笑还是做回自己？古有陶渊明不为五斗米折腰，辞官归隐田园，今日我们也可以放弃不适合自己的社交活动，适当地做回自己，否则整日的不痛快会造成更大的损失。如何取舍要看个人的价值观。

社交要求十：正视自己的短板

短板理论也就是通常所说的木桶理论，短板理论指出木桶能装多少水取决于最短的一块木板。也就是说只要这块最短的木板不至于短到致命，木桶还是可以装水的。应用到人的身上，就是人无完人，没有人是十全十美。只要没有致命的缺点，就会有人愿意与你交往。如果一个人沦落到如过街老鼠人人喊打的境地，那就真的是本身的短板短到致命了，想要重新建立良好的人际关系，可谓比登天还难了。为了预防自己的短板变得更短，造成不可挽回的损失，要学会以下几个方法：

第一，学会发现和正视自己的短板。

我们发现，在九型人格中，无论是完美型还是理智型，或者是理智型，都存在着其优点和缺点。完美型的人也只是追求完美，并不是本身是完美的。所以每个人都要正视自己的缺点，继而正视自己在人际交往中的缺点。比如说忠诚型的人，因为比较忠诚，具有追随性，相对的，在人际交往中的短板表现在缺乏安全感、因循守旧以及悲观逃避。这样的人在社交中容易被人恐吓、被人利用、被人洗脑，也容易带给别人很多负面的、悲观的情绪。发现自己并且正视自己的这些缺点，就能很好地避免不良社交后果的发生。

第二，学会测试自己短板的程度。

每个人都有自己的短板，那么这块短板短到什么程度？是否产生了不利影响？任何事情都有个度，一个零界点，只要不过度，就不会造成太大的影响。发现了自己的短板，就要检测它究竟短到什么程度，是否需要想办法去弥补这方面的不足。有些人究其一生，也没有太多的朋友，没有属于自己的人际关系网，虽然活在大的社会环境中，却没有很好地融入其中。他们在社交中，总是很理智地做一个旁观者，不与别人深交，不投入过多的热情，过着一种没有与世隔绝但却类似与世隔绝的生活。可想而知，等遇到需要通过人际关系解决的事情时，他们也不会有足够的资源。这块短板就真的过短了，需要进行弥补。也就是说，实践是检验真理的唯一标准。要想检测自己的短板短到什么程度，就要从实际生活中遇到问题需要帮助时你所能得到的回馈中得到结果。所谓种什么因得什么果，说的就是这个道理。要想明白自己的短板是否产生了不利影响，也能从人们是否愿意与你交往和你需要帮助时人们的反应来检测。如果检测的结果是轻微的，可以忽略不计或者适当给予重视；如果显示你的短板已经很短了，那就需要及时修正了。

第三，学会规避短板，让其不要变得更短。

首先要规避自己的短板。在发现和正视自身短板的同时，继续深入了解为什么会出现这种短板，是先天性格里自带的还是后天形成的，是否能够通过一些方法做出改变。其次要学会辟谣，洗刷影响自己声誉的不良因素。不要天真地以为清者自清，很多时候众口铄金，你连为自己辩解的机会都没有，那就太过被动了。建立和维护人际关系同等重要。

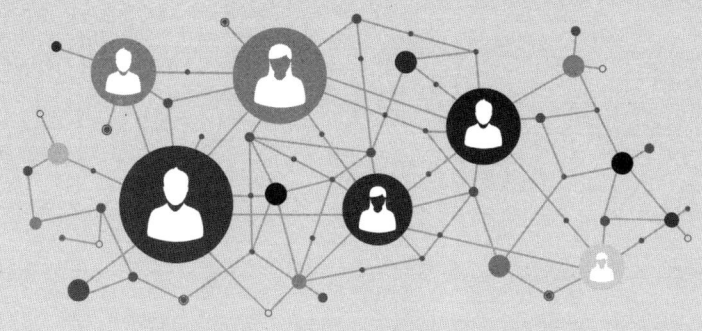

第三部分
构建四通八达的社交网络

心动不如行动，人际关系好的人左右逢源，总让人羡慕。构建人脉关系首先需要意识到人脉的重要性，只有明白了意义和价值，才会产生强烈的愿望；其次需要制定计划，也就是如何打造自己的人脉关系网络，好的人际关系取决于人际关系网络策划；有了好的规划之后，能不能构建起计划中的人际关系网络，就全看行动能力，行动力是实现目标的根本保证。

Chapter 8

建立人际档案，制定社交方案

人脉策划首先要端正心理态度，需要从正能量的角度认识人脉关系的重要性，认识人际关系对于实现人生目标的作用，而不应从势利的角度看待人脉，否则就会剑走偏锋。有好的心理之后，需要对交往对象进行一番筛选，自己需要哪些人际关系，哪些人适合进入自己的人际圈子。构建人际圈子需要在时间、精力甚至金钱上有所付出，没有付出就不能得到，利用何种方式去结识想要结识的人需要想清楚，方式方法不得当会影响效果。

| 社交简史 |

缔结强大的社交关系网

中国有句古语说的非常好：一个好汉三个帮，一个篱笆三个桩。这句话非常鲜明地指出了人脉对于人生事业的重要意义。的确，人在一生中几乎都想在某项事业中做出点名堂来，可做出名堂的先决条件就是构建自己的关系网，没有一个强大的人脉关系网的支持，人的事业无从谈起，毕竟，独木难成林。当然，人需要在什么事业搞出名堂就需要构建什么样的关系网：准备在政界发展，想在政界干出好名堂，也需要关系网，积极了解上级部门的政策和人民群众的需要；准备在艺术界搞出点名堂，需要跟一些艺术家沟通——了解当今艺术的发展；想在营销界干出点名堂，那就需要明白厂家产品的性能和客户的需要，需要在哪些客户身上下工夫……

构建关系网是在某些事业中干出名堂的基础和关键。不然的话，没有人支持你，你不可能干出名堂。比如做营销，你想干出点名堂来，首先第一个条件就是要取得厂家的信任，厂家愿意将自己的产品交给你做营销，这就是第一步。假如厂家不信任你，你无法得到产品，你拿不出产品，怎么去做营销？取得厂家信任后，自己手中有了产品，下一步还要寻找客户，只有让客户信任自己，相信自己，下一步才会购买我们的产品。还要指出的是，客户绝对不能只有一个，而且要越多越好。客户多了，你的产品才能卖的快，才能打开销路。另外，做营销要构建的关系网除了厂家和客户，你还要和一些必要的政府机构构建良好关系。毕竟，你做的营销事业需要在法律的许可下，还需要在国家工商部门注册登记，还要跟国家税务部门联系……所有这些关系，构建成为你做营销事业的关系网。这个关系网构建的成败，直接决定你营销事业的成败，也决定你在营销这个行业上能不能干出名堂来。

构建关系网是做事业的基础，只有建立在良好关系网上的事业才有可能做大做强。比如做企业，你首先要得到员工的拥护，员工愿意跟着你干，假如没有和客户搞好关系，你的产品就找不到销路，企业同样会面临困难。还有，即便你取得了员工的信任，也和客户搞好了关系，产品也有了销路，可在国家工商税务部门没有构建好关系，或者说，你做的企业属于违法的，这样，你的企业同样要失败。因此，人在某项事业上想做出名堂，构建人脉关系网至关重要。

在平时的生活中，我们时常听说某人属于成功人士，意思就是说此人在某项行业中已经做出了名堂。可是，细心观察一下我们周围，这样的成功人士非常少。由此可见，人在某项事业中做出名堂的"困难"之大。成功事业关系网中，所有的关系都要处理好，因为假如某个环节被卡死，就会直接影响到你事业的成败。

人们时常说"生意好做，伙计难搁"指的就是这个道理。现实生活中的工作并不难做，只要勤勤恳恳、踏踏实实做就可以了。可真想要做出名堂来，那就一定要构建自己事业的关系网，也只有在这样稳健的关系网下，你才有可能在这项事业中做出名堂。

有目的地搭建社交圈

构建人脉关系需要有目的，也就是说，你准备在哪项事业搞出业绩，这是必须要思考的问题。假如自己构建人脉关系网没有目标，只是为了构建关系网而构建："不就是交个朋友嘛，没有那么多事。我们就是吃吃喝喝玩玩就行了，就图心里高兴。"这样一来，你纯碎是为了"交朋友"而交朋友，根本没有做事业的雄心壮志。

人脉的目的性就好像大海上航船的目的地一样。航船需要向目的地行进，而构建人脉关系就向那个目标努力。假如大海上的航船没有目的地，那这艘航船就会漂泊不定，想走到哪里就走到哪里，漫无边际，不知道要去什么地方。试问一下，这样的航船在大海上航行还有意义吗？说不定不靠岸会漂流到大海中去。由此可见构建人脉时目的的重要性，它是你人生前进的方向，是你人生成就辉煌的基础。

构建人脉关系网，必须首先确定目的，因为你在构建人脉关系的同时肯定要付出一定的代价。这代价不一定是钱财方面，也可能是你的精力、你的时间，可是你别忘了，有时候时间和精力比钱财还要宝贵。付出这样的代价而没有目的，你的时间和精力就会付之东流。正如社会上一些人一样，一生酷爱交朋友，各行各业、三教九流里边都有朋友，但只是为了交朋友而交朋友，或者说，交的都是酒肉朋友。每当自己遇到人生坎坷的难事，这些朋友就会做鸟兽散，自己的困难无法解决。这就是人脉网的巨大败笔：没有目的性。

人生苦短，人人都想在有生之年有所成就。这就需要构建人脉网，确定人生的奋斗目标。有人或许会说，有的行业不需要人脉关系，比如教师。做教师根本不需要人脉关系，更不需要什么目的，教好学生就行了。这种观点是错的，有这样想法的教师也不会在教育事业中干出名堂。做人民教师同样需要构建有目的性的人脉关系网，上级部门的指示精神需要"吃透"，同事们的关系要搞好，同学们的水平和性格自己要了解。所有这些，成为你在教师行业的人脉关系。你想出成绩，就需要引导学生努力学习，还需要上级领导的支持，更需要同事的相互配合，假如这三个条件缺其中一项，你想在教师行业出成绩就会烟消云散。假如上级领导不支持你，你就难以开展工作；学生不努力学习，你的教学业绩无从谈起；同事们和你互相掣肘，你的教学工作肯定会受到影响。由此可知，人想做哪一项事业都离不开人脉关系网，而人脉关系网更需要目的性。

想做一番事业，成就一番业绩，那就首先需要确定人脉关系网的目标，然后围绕这个目的构建人脉关系网。在这样有目标的人脉关系网的支持下，你的事业才能干出名堂，才会腾飞。

社交既要理性，也要感性

构建人脉关系网需要有主见，更需要理性和感性相结合。在确定人脉关系的目的性之后，人就需要向这个目标努力，首先就需要物色这方面的人选，这就需要有主见，就需要理性和感性相结合做出判断。

| 社交简史 |

　　有主见可以让人在构建人脉关系中果断物色人选。当人选进入你的视线后，下一步就需要理性和感性相结合来分析判断，需要在理性判断的基础上加上感性的认识，最终看看能否结交此人。在整个结交人脉过程中，理性判断往往是从客观实际来分析，根据此人的工作和人文环境以及能力素质综合来判断，感觉能够结交，结交后能都为自己事业出力能够给自己的事业"增砖添瓦"；感性认识则需要从性格脾气来认识，此人性格怎么样，气场如何，是不是跟自己能合得来。在结交过程中，理性判断完成之后，就需要本人找物色好的人去洽谈，这个洽谈过程就是感性认识。尽管理性判断上完全可以，可经过接触后，感觉从感性方面判断此人难以合作，脾气性格都让自己无法忍受："这这……这种暴脾气根本不行。跟他成好朋友，指不定什么时候把我打一顿呢。"这样一来，感性认识无法接受。毕竟，物以类聚人以群分，人和人交往需要性格脾气来确定。无法合得来，那就需要另找他人。

　　比如，有人想在某县城做啤酒批发业务，他已经和啤酒厂家签订了合同，也在工商部门做了注册，下一步只需要寻找地点。这就属于理性判断。首先，他需要尽快确定批发业务的具体地点，这一点必须要有主见，不然在县城逛了大半年还无法确定批发地点，"黄花菜都凉了"，还搞什么批发业务？其次，确定地点之后，接下来就是寻找门市，和房主洽谈，这就需要感性接触。感觉房主和自己脾气合得来，那就可以和他签下租赁协议；感性方面认为房主脾气不好，那就不要往下走，接着寻找下一家。试想一下，假如房主和你脾气不和，他横看竖看你不顺眼，三天两头到你的门市找事，说你把房子哪里弄坏了，哪里水管不通了，还说你不爱护他家房子了……你的生意还怎么做？退租，你的业务肯定要受影响；接着干下去，房主不停来"骚扰"你——这毕竟是人家的房子。如此一来，你就会进入两难的境地，批发业务势必会受到影响。

因此，构建人脉关系网需要理性和感性双管齐下去展开行动，缺一不可，也只有在理性判断和感性认识两个方面都确定之后，下一步才可以签合同，最终成交。这样一来，你的业务开展才可以顺利，你的事业才能按照自己安排的步骤腾飞。否则，你的事业就会充满波折，你的业务更会受到影响。

社交的前提是完善自己

人在成就事业之前需要构建自己的人脉关系网，需要有目的地通过理性判断和感性认识来结交某些人。这样一来，一个问题就摆在你的面前：人家愿意结交我吗？假如人家不愿意和我交往，那接下来我的事业怎么办？

中国古时候在人的交往方面有句著名的话："弱国无外交"。这句话非常明确地说明了人和人交往的准则。你是一个普普通通的老百姓，你想搞某项产品的批发业务，第一步首先就要和某家大企业董事长接触。这里面就存在"身份"问题：人家一个大企业董事长是不愿意和你这个普通老百姓结交的，人家不会信任你。

从这个角度上说，一个普通人想做某项事业面临的困难非常大。一个普通人要想做一番大事业，必须首先发展自己，先从小事业做起，只有让自己变得强大起来之后，才可以构建强大的人脉关系网。这方面最著名的例子莫过于香港著名企业家李嘉诚了。当初，李嘉诚就是一个普普通通的市民，他也想做大事业，可那些高高在上的董事长们眼里根本没有他，他

| 社交简史 |

一个普通市民不可能在香港构建强大的人脉关系网。李嘉诚首先从小事业做起，做领带零售，走街串巷去叫卖。小事业需要的是勤奋和努力，李嘉诚依靠自己的刻苦和不懈的努力，终于让小事业变成了大事业，让事业迅速腾飞。最终，李嘉诚的领带零售业务得到迅猛发展，他也成为这个行业的领军人物。下一步，李嘉诚就开始构建自己的人脉关系网，开始向大事业迈进，最终成为享誉世界的著名企业家。

因此，一个普通人想做某项事业，首先要发展自己，这才是最硬最硬的道理。自己没有事业，你想构建人脉网困难就会非常大，因为没有人愿意和你交往，这就属于"弱国无外交"。只有先从小事业做起，先看看自己眼下能做什么，先把能做的做好，再想办法把能做的做大做强。此时，你就不是"弱国"了，因为小事业也是事业，你已经把小事业做大做强了，已经用你的实力证明了你自己，已经在周围人的眼中成为了强人。此时，你再有目的地构建自己做大事业的人脉网肯定易如反掌，因为社会上的一些企业家也想让自己的事业更强，他们和你交往对他们自己的事业发展有好处，你的机遇就来到了。

有些普通人看不上小事业，一心想做大企业，干大事，这属于好高骛远，绝对属于脱离现实的想法。一个普通人，出门就想做大事，首先你无法构建自己的人脉关系网，这个问题解决不了，你的大事业从哪里做起？所以，一个普普通通的人，唯一的路线就是首先发展自己，让弱小的自己变得强大起来，一步一步从小事业做起。"敢问路在何方？路在脚下！"首先正视自己——人贵有自知之明。只有了解自己，然后从脚下的小事业做起来，最终发展自己，让自己慢慢强大起来。

因此，你想成就事业，发展自己才是硬道理。

搭建社交圈的两大技巧

构建人脉关系网方面有两大技巧，即跟随和投机。众所周知，构建人脉关系网是做事业的前提，直接关系到人生事业的成败。可是，如何才能构建好人脉关系网呢？除了人为的努力和勤奋之外，跟随和投机则可以巧妙地让你轻而易举达到构建预期人脉关系网的目的。

首先，我们分析一下跟随技巧的灵活运用。人在准备谋划事业之前，肯定已经在这方面有所成就。这样一来，你可以借助这方面成功人士的某些人脉关系，跟着他们的脚印走，跟随他们的人脉关系网继而构建具备自己特色、为自己事业服务的人脉关系网。大多数成功人士都有此类的经历，他们或借助"前人"的经验，或借助前人的部分人脉。也许有人会说，那不一定，比如马云的事业，之前就没有人做过。的确，在马云之前没有人涉足这方面的事业，但当时互联网已经基本普及了。也就是说，马云在互联网事业的基础上做成了自己的宏伟事业。他在做阿里巴巴事业之前同样需要跟随互联网的某方面事业，首先构建人脉关系网，然后在此基础上通过自己的努力和勤奋，最终一步步把自己的事业做大做强，以至于誉满全球。

跟随的技巧需要你去细细研究和琢磨，首先要确定跟随的目标，接下来还要制定跟随的具体步骤，如何才能做到让被"跟随者"心甘情愿地把自己的某些人脉资源或者经验"转嫁"给你。做到这一点，需要构建者实现跟前任成功人士保持良好关系，取得人家的信任才可以做到。

另外，投机也是构建人脉关系网的一大技巧，这个技巧的使用主要在构建者如何找到投机的具体时间和方向。也就是说，构建者要紧盯时机。比如，原来在这方面已经有所成就的某位成功人士因为某种原因和某些人脉关系出现"裂痕"。这样，你的机会就出现了。你可以抓住时机，迅速占领这条人脉线，然后再构建属于自己的人脉关系网。

投机技巧的应用同样需要构建者用心琢磨和观察。在没有寻找到合适的时机和具体目标之前，绝对不可以暴露自己的计划，以免让周围其他人起戒心，那样会对自己的事业百害而无一利。只有耐心等待合适、恰到好处的机遇，然后迅速出击，一举成功，迅速构建人脉关系网。这样做似乎有些不近人情，但要清楚，人生本身就是战场，机不可失失不再来，你要丢掉这次机会，成功将不再属于你。

跟随和投机在构建人脉关系网中的应用都离不开构建者的勤奋和努力，离不开构建者的细心观察和耐心等待。为了自己的事业，为了自己人生的辉煌，更为了实现自己的人生价值，潜下心来，耐心等待机遇的到来。成功属于勤奋者，天道酬勤。只要自己努力勤奋，人生的机遇终究会出现在你面前。

社交中的守卑哲学与守弱哲学

中华传统文化博大精深，源远流长，但中国的传统文化中有一个众所周知的定律，即同情弱者。这一点，在之前的文艺作品或者历史故事中都可以发现，不乏事例。另外，即便在当今社会的某些领域，同情弱者的做法同样能够被广大人民群众所接受。相反，假如在某些事上偏袒强者，这样的做法肯定会遭到众人的反感。这方面最明显的例子莫过于中国的交通法规。比如在人行道上，人闯红灯被汽车撞了，但结果开车司机还要承担一定的责任，这就是中华传统文化同情弱者的最明显表现。从道理上讲，人闯红灯属于违反交通规则，而汽车通行和此人发生冲撞，汽车没有违法，但同样要承担责任。

这个理念可以在人脉关系中一样得到广泛的应用。在人脉圈里，大家同样受到中华传统文化的影响，同样同情弱者。清楚这个道理后，如何在人脉关系网中守卑和守弱就成为了一种哲学。同样的一件事，假如你时常保持守卑和守弱，你在人脉圈中形象就属于弱者。遇到比较好的机遇，人脉圈里的人都会同情你："哎——这个好处，大家都别争了，就送给某某吧，人家怪可怜的。"

这样一来，你的机遇概率就会大大增加。可是，需要指出的是，守卑和守弱并一定是真的"卑"或者"弱"，只是在人面前示弱的表现而已。或许，你的事业已经非常辉煌；或许，你已经把事业做强做大了，但是，你依然在人脉圈里守卑和守弱，人们依然会将某些良好的机遇送给你。你的事业就会在这种强势东风下越来越辉煌。然而，假如你的事业做得并不好，可你依然在人脉圈里"打肿脸充胖子"，依然在人们面前逞能，显示自己的强势。那么，你在人脉圈里不仅不会得到大家的同情，甚至还会遭遇某些难以预料的"报复"，原因就是，人们对某些爱好表露自己的强者非常反感。

在人脉圈里守卑和守弱在一定程度上可以说是一种谦虚。对所有人恭恭敬敬，不跟任何人争强斗狠，显得你非常有水准，给人一种深不可测的感觉。

因此，在人脉圈里守卑和守弱不仅对自己事业的发展有好处，而且在道德方面也是一种良好品行，属于一种人人称赞的楷模行为。这样的人，周围人都愿意和他相处，人们都愿意和这样的人结交，他的人脉就会越来越旺。人脉关系网大了，你的机遇就多了，你的事业也会越来越大，人生的辉煌就会越来越近。

将社交圈进行分区管理

社交圈构建好之后，接下来就要管理好自己的人脉圈。人脉圈和自己的事业一样，同样需要经营，需要管理。只有科学的管理和良好的经营才能让自己的人脉关系网越来越强大，越来越红火，随之而来的，就是你的事业也会做大做强。

管理人脉关系最好的方法是分区管理，就是将不同行业的人脉、不同性格脾气的人脉划分成不同的片区来经营管理。如果再科学一点，则可以将同一片区的人脉再精确划分成一些小片区。不同片区的人脉到了一定时间或者以为某种喜庆事聚一聚，拉进一下关系。这样的管理方式，让具备同样爱好、同类行业、性格脾气都相仿的人走到一起，增进了友情，还不至于闹矛盾。相反，如果不实施分区管理，不同行业、不同性格的人在一起交往，没有共同语言，交往很难加深。另外，不同性格脾气的人在一起容易闹矛盾，进而让自己的人脉关系网遭受损失。

不同行业的人说话方式不一样，文化水准也不一样，但也有这种情况：有些人行业不同，可是在文化修养、爱好品位方面却能走到一起，这就需要构建者、管理人在这方面进行研究。比如，行政行业的也不乏文物收藏爱好者，而企业界也有爱好文物收藏的人，人脉关系管理者就需要让这些人时常聚一聚，聊一聊共同的话题，不仅能增进双方的友情，还能将各自的人脉关系网中具备同样爱好的人拉进圈里："哎——兄弟，我有个朋友，他手里有个明朝的青花瓷，绝对真品。我亲眼见过的，绝对的上品货。怎么样？什么时间我给你引见引见？"

"好啊哥哥。我给你说句实话，我想青花瓷真品都快要想疯了，做梦都在看青花瓷啊。哥哥，你要能让兄弟我看上一眼真品青花瓷，哥哥一定好好谢谢你。"这样，你的人脉关系网就会慢慢增强增大，对你的事业非常有好处。

人脉关系网是你事业成功的有力保障，科学管理自己的人脉关系网，能够让人脉圈越来越大，人气越来越旺，你的事业也就会越来越辉煌。

| 社交简史 |

"套牢"社交圈里的优质朋友

　　人脉圈里,谁都想能把别人"套牢",因为那样的话,这个人就会被自己牢牢控制,今后就会死心塌地跟着自己干。不过,这样做困难很大,毕竟,现代社会不同于古代,能够将人的生死掌握在自己手里。当今社会,想把自己事业做大做强的人不止你一个。人人都有自己的人生,都想在自己的有生之年成就一番业绩。你的人脉圈里之所以有这个人,说明此人对你的事业有用处。可是不要忘了,他在你的人脉关系网里的同时,你也到了他的人脉关系网里,因为你同样对他的事业有用处。这种情况下,你想"套牢"一个人,这人就会想办法防止自己被"套牢"。不仅这样,他还会想办法将你"套牢",人脉圈里的人们其实都在"套牢"和"被套牢"中搏击。人生如战场,要想达到自己人生的辉煌,就要想办法"套牢"人脉关系网的人,让这些人一心一意为共同的事业而奋斗。

　　马云的成功秘诀其实在于"套牢"了部分人,这部分人就是后来被人称作"十八罗汉"的马云团队。当初,在马云刚刚辞去公职创业的时候,也正是他事业刚刚起步的时候,他非常需要一些人来支持。这时候,马云用入股的办法笼络了这"十八罗汉",最终这十八个人为了马云的事业凑足了 50 万元,也正是这 50 万元,最终让阿里巴巴做大做强,最终成为享誉世界的著名大企业。可是,细想一下,当初也正是这 50 万元钱入股将"十八罗汉"牢牢地套住了。不过,"十八罗汉"被套牢非常值,他们成为了著名的"马云团队",也是成功者,这些人都心甘情愿为阿里巴巴奋斗终生。

由此可以看出,能够把某些人脉"套牢"不容易。首先,自己要有明确的方向,需要让那些要被自己"套牢"的人相信,跟着自己干,大家拧成一股绳,前途会更加辉煌。相反,假如大家不团结,各自有各自的小事业,要想成就一番大事业,困难就大了:"干嘛要跟着他干啊?我感觉自己的小日子过着也不错。就这么凑合着过吧。"这样的理念下,大家是不会拧成一股绳的。

除了有精确的方向之外,构建人还必须具备过人的胆识和无私坦荡的胸怀,这样才可以让自己人脉关系网里的人信任自己,感觉跟着你干肯定错不了。相反,假如你私心严重,见利忘义,大家肯定就会感觉此人不可靠,充其量跟你也就做个生意上的伙伴,跟你这样的人一起做事业不放心。这样一来,你想"套牢"一些人是不可能的。

人人都知道团结起来力量大,大家将可以利用的资金和各自的人脉资源都要集中起来,然后有一个明确的目标,这就等于用一个"明确的目标"套牢了大家。能把人"套牢"的确是一门学问。构建人不仅要有过人的眼光,更具备带头人的风范,大家才会跟着他向前走,因为大家感觉他的路线前边是一片辉煌。

交往中给自己留有余地

中国民间有句俗语："逢人只说三分话，不可抛尽一片心。"这句话说的是人和人交往需要注意的问题。告诉人们，在和陌生人交往的时候，说话的言辞间必须要注意，自己的信息充其量只能透露一小部分，万万不可将自己的底细全部透露给对方。那样对自己非常不好，毕竟人心隔肚皮，说者无心听者有意，万一对方有什么不好的想法，势必祸及秧身。

细细分析一下，这句话富含的道理非常深刻。人生如战场，商场如战场，人和人交往，如果将自己内心的"秘密"全部说出来，自己的计划和方向就会让对方一目了然，试想这样的"仗"还用打吗？你将自己的底细全部送给对方，就等于战争的一方将自己的军事机密都送给对手一样，那接下来这场战役的胜败已经定了。

可是话又说回来，既然人生如战场，人和人交往，为什么还要说出"三分话"呢？道理其实非常简单，毕竟是人和人交往，不透露一些信息，对方怎么相信你？你需要用不得不透露的某些信息让对方相信自己，然后用这些信息结交对方。正如生意场上的做法一样，没有本钱，你还怎么做生意？那不就等于"空手套白狼"了？所以，必要的信息透露绝对有其真正目的，主要是为了让对方相信自己，和自己交往。

人人都有自己的内心机密，正如一个家庭、一个国家一样，许多机密不可以随随便便向外人说。比如自己家里的经济实力、国家的军事机密……这些随便对外人说就会对自己的家或者国家不利。假如你想和别人合伙做生意，需要向对方透露一下经济实力，那也不能显露自己的全部家底，只能透露能够让对方愿意跟着你干的"那部分"。你如果全部亮了自己家底，对方就会感觉你浅薄："哎呀，这人怎么这样啊？初次会面就把家底全部透露给我，他这是要干嘛？会不会有别的什么想法？"相反，假如你只是透露部分"机密"："实际情况就是这么回事。只要我们合作，我绝对会出 50% 经费。你考虑一下。"等对方犹豫，或者有其他想法不想跟你合作时，你可以通过"加码"的方法拉拢对方："这样吧，看你出一半有困难。我出 60% 怎么样？"这样的话，对方不仅会相信你，还会感觉你深不可测。

"逢人只说三分话，不可抛尽一片心。"这句话绝对有其战略意义。和人初次交往，各自都有不同的想法，都想通过交往来达到自己的目的。双方开始都需要试探对方，都想办法探听对方的机密，因为只有了解对方，才有可能"搞定"对方。这种情况下，自己不仅要守住自己的机密，还要通过泄露"不得不泄露"的部分机密来引诱对方，让对方将内心的话说出来，自己再根据情况制定相关计划，向自己的事业目标迈进。

尽早改造不良个性

人脉关系网的构建和经营是事业做大做强的基础和关键。因此，将人脉关系网做大做强，会成为自己人生事业的良好开端。可是，在人脉的策划中，有些人脉的个性较强，或者说，自己的脾气个性很难和这种人打交道。假如放弃这种人脉，自己事业的人脉关系网肯定要受到损失，自己的事业发展会遇到困难。这样一来，构建者就需要将改造个性纳入人脉策划中。构建者可以通过改造个性，将自己与脾气不和的人脉紧密结合起来，成为自己人脉关系网中的重要一环。

这种事例非常多。日常生活中，我们经常听到人们对某些"成功人士"这样的评价："张经理自从经营公司以来，整个人好像都变了样，会说话了，会来事了，看到什么样的人就说什么样的话，跟谁都能合得来。真不简单！"从这些评论中可以发现，"张经理"在人脉策划中，已经改造了自己的某些个性：会说话了，会来事了……跟谁都能合得来。只有这样的个性，才能将自己的人脉关系网做大做强，原因就是"跟谁都能合得来"。为了构建良好的人脉关系，构建者必须要改造自己的个性，毕竟，社会很复杂，什么脾气个性的人都有。自己要做事业，需要跟这些人打交道，必须让自己的某些个性改一下，适应社会上某些人的脾气个性，最终和这些人脉结交，使之成为自己人脉关系网的一部分。

假如在构建人脉关系网过程中没有改造个性的计划，或者说，如何改造也无法和某类人合得来。这种情况，说明构建者脾气比较"倔"，实在没办法和这类人打交道，内心无法容忍这些人的某些言辞或者某些做法，其人脉关系网必定要受到损失。可是，别忘了中国的一句古话：得罪人就好比给自己路上添一堵墙，结交一个人就好比给自己多一条路。这句话非常形象地说明了构建人脉关系网中结交人脉的重要性。某些人尽管跟自己脾气性格相差比较远，但这些人对自己的事业发展至关重要，自己必须要通过改造自己个性的办法结交这些人，最终让这些人为自己的事业发展出力。

因此，要想让自己的人生事业步入辉煌，首先就要将自己的人脉关系网做大做强，必要的时候需要将改造个性纳入人脉关系策划中。毕竟，社会很复杂，人脉关系中不乏跟自己脾气个性合不来的人，而这些人又对自己的事业发展至关重要。没办法，只有改造自己的个性，慢慢适应复杂的人脉关系网。

能够改造个性的人，犹如《西游记》中的孙悟空七十二般变化，能够适应不同性格脾气的人群，也只有这样，自己的人脉关系网才能兴旺，事业才可以插上腾飞的翅膀。

Chapter 9

构建社交圈必须付诸行动

构建自己的人际圈子必须要行动，比方说，每天抽出一个半小时专门用于人际交往，或者每月拿出一些钱用于交际所用。总之，构建人际网络必须付诸于行动，不能坐等，要出动出击。有的人在人际交往过程中很被动，从来不善于主动与人交往，只是被动应对，这样的话就不可能构建起自己想要的人脉网络。好的人脉规划很重要，但是仅仅有好的想法远远不够，还必须行动起来。

开始行动，你就成功了一半

人的行动需要思想来支配，有什么样的想法就会出现什么样的行动。比如，人饿了，那就想办法去寻找吃的东西；人累了，就会想办法歇息，即便眼下找不到合适的机会，也会投机取巧，想办法避人耳目歇息一下。总之，想法在脑子里面形成，下一步很快就会付诸于行动。

打造人脉圈也需要有思想，在基本思路确定之后，下一步就需要搜寻人脉目标，接下来就开始付诸行动。总之，想法同样是在行动的前面，想法成熟了再开始行动。只要开始行动了，人脉基本上就成功了一半。不过，打造人脉圈这项工作，同样不适合那种"懒人"。这种人只是在脑子里想：我怎么怎么打造自己的人脉圈，我要将自己的人脉圈打造成多大规模，最好还能把某成功人士拉进来……整日盘算，就是不付诸于行动。这样的人不会在人脉圈构建方面有什么建树，更不会在事业上有所发展和成就。

想和做，是人类工作的两大本能。其中，想是前提，做比较靠后。其实，日常生活中，人们说起勤奋，一般是以做为主。也就是说，脑子里有了想法，马上就开始行动，然后不达目的誓不甘休。勤奋的人值得敬仰，这类人做事果断："还犹豫什么呀？计划都定了，还不马上出发？走走走，出发！"这样的人做事效率高。相对而言，光想事的人一般称不上勤奋（脑力工作者除外），这类人光坐在沙发上瞎想，其实也说不上是在分析具体问题，就在那里坐着。假如询问什么问题，这类人也会滔滔不绝说个没完没了，但就是看不见行动："着什么急啊？这事不得想想再说吗？不着急，歇歇再说吧。这可不是一句话的事。人家愿意和我结交吗？还有，人家要烦我怎么办？再说了，人家比我混得好，我去找人家，人家会不会认为我想找人家借钱花……"总之一句话，这类人闲着没事瞎琢磨，就是不付诸于行动。

构建人脉圈，同样是一项工作，而且是属于自己分内的工作。这项工作的成败，直接关系到自己事业的发展。天道酬勤，打造人脉圈同样需要勤奋努力的人，在决策制定之后，下一步就开始制定计划，开始行动，想办法接近目标人脉，寻找机会。

还是那句话，只要开始行动，就等于成功了一半。

行动讲究天时、地利与人和

打造人脉圈的前提是制定决策和计划，然后选择目标人脉，下一步就做好出击的准备。在出击之前你需要认真观察一下人脉的具体情况，根据情况选择合适的机会出击才能成功。不然，你就会适得其反。比如，此时的目标人脉妻子病了，而且还非常严重。现在你要出击的话，似乎就不合适。或许有人会说："怎么不合适？直接买点礼物到医院去看看人家妻子不就行了？这样岂不直接就成为朋友了？"这么说也有道理。的确，人在这种情况下，都希望有人来看望一下。可是，眼下一个关键的问题是：你现在还不是人家的朋友，人家还没有和你结交，双方还不认识。即便只是一般的"脸熟"，你能随便打听人家妻子的病房吗？再说，人家怎么给妻子介绍你啊？因此，这种情况下，你最好先不要出击。一定要等人家妻子病好之后，再选择合适的机会出击。

有的时候，目标人脉选择好了，自我感觉时机也差不多了，此刻人脉目标正准备在礼拜天去某处钓鱼。你也准备好鱼竿，做好了出击的准备。令你没想到的是，第二天目标人脉临时有了变化，他没有去钓鱼，直接去爬山了。此刻，得到第一手情报的你需要临时改变出击计划，马上开车去登山，然后在那座山上寻找接近人脉目标的机会："这位老兄，不知道你记不记得我？啊——想起来了吧？你也喜欢爬山啊？这项运动不错，空气又好。来得早不如来得巧。山下的农家乐是我一个妹妹开的。这样吧，给我个面子，一会儿下山后一起到那里吃个便饭。"

"这怎么好意思呢？头一次见面。"

"这有什么不好意思的？再说，之前咱们认识，这次又到了我妹妹家门前。怎么，你不是看不起兄弟我吧？"

从上面的例子可以看出出击之前的观察对于结交人脉的重要性。合理地制定出击计划，严密地布置，最终才能让目标人脉坐到你的饭桌前。

出击前的观察，就等于军事方面的侦查。只要搜集到准确的情报，然后再布置自己的军队和火力配备，这仗打起来就有胜利把握了。结交人脉更是如此，经过认真观察，已经了解到目标人脉的具体行踪，下一步就是出击，基本都可以成功。

不过，有时候事情也会突然变化。比如，经过很长时间的观察和出击，你都没有成功地结交某个目标人脉。可是，一个偶然的机会，你在闲暇之余散步的时候，目标人脉忽然出现。此时，你需要在极短的时间内制定出一个比较妥当的结交计划，然后一举搞定。

总之，时间长也好，临时出现也好，都需要谋划者认真观察，等时机成熟再制定恰当的出击计划，才能和目标人脉结交成功。

充分利用网络社交平台

当代网络发达，人和人联系非常方便，见面言谈或者打电话已经不是主要的交际手段了。从网络的QQ到微信，人们几乎都被网络所覆盖，即便是骑着自行车也有年轻人在玩微信，也有人只要睡不着就要把手机拿出来上QQ网聊。所有这些都足以说明，人类已经进入了网络时代。因此，构建人脉圈也需要跟上时代的步伐，也需要通过网络手段来结交陌生朋友，同样能够为自己的事业发展增砖添瓦。

利用网络手段构建人脉圈有很多优势。首先，构建者可以足不出户就能和自己的人脉目标联系。你可以先通过网友了解目标人脉的微信号或者QQ号，然后通过目标人脉的喜好打造一下自己的个性。比如，目标人脉是一位作家，那你可以说自己是文学爱好者，这样成功结交的概率非常高，因为作家都喜欢和文学爱好者结交。

利用网络结交目标人脉的另一个优势就是代价比较低廉，用电脑或者手机基本就可以完成目标人脉的结交过程，即便没有完成也不会浪费什么钱财。不像实际生活中交朋友，又是酒又是菜，有时候还需要开车到某地区会合："大哥，不好意思啊。你说的那个人明天要去省城开会，据说会议结束之后，紧接着要出国考察。你看吧，我感觉你最好能明天赶往省城。我可以给你提供他们的宾馆地址。"这样的结交过程，假如不成功的话，肯定会浪费很多精力、时间和财力。相比网络，代价就大多了。

不过，利用网络构建人脉网也有不好的地方。比如，很多成功人士的微信号和QQ号都比较神秘，一般人根本得不到，即便是得到之后你发过去邀请，一般情况也不会得到回应。相对而言，网络上一般的网友非常容易结交，可这些人脉对自己的事业发展起不到作用。这样一来，你就容易在网络上绕弯子，费时间，跟一些无关紧要的网友纠缠。

因此，利用网络构建人脉圈，需要合理利用网络优势，但也要及时避免一些网络方面的骚扰和陷阱。一句话，吸取现代网络的精华，去其糟粕，让网络成为你构建人脉圈的得力工具。

避免做无用功

构建人脉圈是一个艰辛的过程，需要构建者付出巨大的精力。经营和管理人脉圈同样需要构建者勤奋努力，科学管理，还要进行阶段性反思。只有这样，你才可以拥有一个令你满意的人脉圈，才可以让这个人脉圈为你的事业发展服务。

人在日常生活和工作中难免要走弯路，或者说是在做一些无用功。构建和管理人脉圈同样也会做一些无用功。

在日常生活和工作中争取做到不走弯路，还要在构建和管理人脉圈时避免走弯路，做无用功。要做到这样，构建者就要对人脉目标做深入细致的调查，真正摸清对方的底细，避免做无用功。多做有用功，就会对人脉圈的发展有帮助，反之，浪费了精力物力，还耽误了时间，还结交不到理想的人脉。遇到这样的情况，构建者会产生郁闷情绪，或者对构建人脉圈丧失信心，接下来，再结交人脉时，说不定还会犯类似的错误，造成恶性循环。这样的状态，在开发新的人脉资源时，也容易发生偏差，最后也会做无用功……

在人脉圈做无用功实在难免，古代很多聪明绝顶的人也难免如此。比如诸葛亮，他上知天文、下识地理，尤其在看人方面更比一般人技高一筹，在中国历史上留下非凡的一笔。可是，尽管诸葛亮这么聪明，但他在自己的人脉交往上却走了弯路，做了一次无用功，这就是著名的《失街亭》。马谡是诸葛亮人脉圈里的人，并得到了诸葛亮的信任。正因为如此，诸葛亮才让马谡守街亭。结果，街亭失守，诸葛亮做了无用功，给事业造成了极大的损失。

谁也不想做无用功，谁也清楚做无用功对人脉圈构建非常不好，也会让自己产生郁闷情绪，可是，有些事很难预料。人脉复杂，社会复杂，即便是诸葛亮也有看错人的时候，何况现在的自己？因此，在构建人脉圈的过程中，同样要有"胜败乃兵家常事"的想法，避免让自己的情绪郁闷，一定要昂起头来，重振精神，积极投入到下一个目标人脉的策划中。只有这样，你才可以多做有用功，才能在构建人脉圈的道路上越走越阳光。

真诚是构建社交圈的唯一法门

和朋友交往需要建立在互相信任的基础上，否则，交往的朋友即便进入到了人脉圈，也难以融入，因为从内心里自始至终和圈内朋友有一层隔膜。这样的朋友，要么在圈内待一段时间自我感觉没意思走人；要么与圈内朋友通过一些交往取得彼此的信任，和大家真正成为兄弟。

由此可见，交往朋友需要建立在相互信任的基础上。不过，取得信任需要一定的时间，更需要双方为此真诚地付出。只有这样，朋友间的交往才可以得以继续，友情才可以继续发展，才可以让对方为自己的事业发展出力，大家才可以成为真正意义上的朋友，才可以成为兄弟。相互信任的朋友，交往自然也彼此信任，也只有彼此信任，才可以互帮互助。

初次交往的朋友，一般都是表面上的朋友，短时间内达不到相互信任的程度："行行行，不要紧不要紧，大家都小心一点。哎——记着啊，明天咱们一定按时到达预定地点。"这些都是表面的话，都不是发自内心，话语间没有朋友情分。当朋友有了一段时间接触之后，相互了解了，下一步，就要进入深入交往了。当一方有事的时候，朋友间真诚付出的机会就来了："我必须过来啊。怎么？是不是没有拿我当兄弟啊？这不就结了吗？放心吧，兄弟我得到消息就赶过来了。路上我就想，这事吧……恐怕要破点财。你看，事情明摆着，不花点钱你过不去，但也不需要花多少。因此呢，我半路就到银行取了两万，以备急用。"这样的话语，真正说出了一个朋友的内心感受，言辞间充满了浓浓的朋友情分。通过这次真诚的付出，朋友间的信任就真正建立起来了："好吧兄弟，谢谢俩字我就不说了。一句话，哥哥没有白交你这位兄弟。"

人际交往方面有句俗话：一起受过伤，一起同过窗。这句话表明了两个含义：一起受过伤，说明即便不是一起上过战场的战友，就是一起出过什么事故，二人彼此之间有了深入的交往；二人同过窗，说明二人是同学，在一起学习生活，感情比较深厚。这两类朋友，都是建立在真诚付出基础上的，都是真正意义上的朋友。

朋友需要建立在相互信任的基础上，而取得相互信任的前提是朋友彼此之间真诚的付出，需要深入的交往才可以取得彼此间的信任，才可以真正意义上融入彼此的人脉圈。

融入彼此的社交圈

二人成为朋友之后，双方都进入了彼此之间的人脉圈。尽管二人彼此之间已经互相信任，可要真正意义上融入对方的朋友圈，还需要培养一下"乐群"观念，真正融入到朋友圈内，毕竟，和群才是行动力的前提。和人脉圈里的朋友都说不到一块，不合群，那接下来做什么都感觉别扭："哪里来的人啊？说话也跟咱们不是一个味儿，好像干活也跟咱不是一个路数。这……这怎么能坐在一起吃饭？"

一般情况下，在微信群或者QQ群里，新人加入都要向大家问好，然后再自我介绍一下："大家好，我是某某，做营销工作的。放心，我不会在群里发广告，更不会闲着没事骚扰各位朋友。"这几句开场白，基本上能够让聊天群里的朋友信任你，也让你融入了这个网络人脉圈。人在社会上打造的人脉圈和网络上的聊天群有根本意义的区别，前者是经过深层次交往才建立起来的友情，都能感觉到能为彼此的事业发展出力，彼此都可以互帮互助。这样的感情，并非网络上闲着没事聊天所能相比的。相对而言，网络上的聊天群里的网络朋友交往层次要浅得多，只是彼此情感的皮毛而已，言辞间只是相互间的寒暄，可随后就显露出了本性：加入到聊天群，其实就是为了卖化妆品，并非为了友情。

人在社会上生活，难免会遇到什么困难，而真正有了什么事，还需要自己在社会上打造的朋友圈里的朋友来帮忙，因为这样的朋友才是真正意义上的朋友："怎么啦？啊——汽车出事故啦？在什么地点？好好，不用说了，我马上赶过去！"有了事，了解到信息之后，真正意义上的朋友都会义无反顾地奔过去。这样的交往，才会让人从内心感觉到友情的温暖，才会感受到朋友的重要性，才会感觉到群体的重要性。要做到这一步，还需要合群，让自己真正融入到人脉圈里，成为这个群体里不可分割的一部分。

人际交往方面，相互认识之后，融入到彼此的人脉圈，接下来，就需要从内心里建立合群观念，让自己从内心深处感觉到加入这个群体的快乐。

打造人脉圈，需要"乐群"观念，这样才能体会到人脉圈群体的快乐。只有合群，才能让这个人脉群体具备行动力，大家才可以利用这个群体力量为自己的事业发展增砖添瓦。

社交切忌性急

"性急吃不了热豆腐"这是一句俗语，说的是急脾气的人吃不了锅里面的热豆腐。其实，急脾气的人在社会上大有人在，我们身边都不乏急脾气的人："快点走啊你！你怎么这样慢慢腾腾？这都下班十几分钟了，你还挡着路不走。要不是你，我早到家了。"

前面的同事同样是急脾气："看不见我的脚崴了吗？也不说过来给我帮帮忙。要不是因为这个，别说到家，我早就吃完饭躺床上睡一觉了。"

从这样的对话里不难看出，急脾气的人做什么都心急如火，心里只想赶紧把手头的事情办完。于是，俗语里就有了"性急吃不了热豆腐"一说。

在打造人脉朋友圈方面，急脾气的人同样心急，选择好人脉目标之后，就想马上和人家结交。不管人家当时处于什么样的人文环境，更不管对方当时的心情怎么样，就直接过去打招呼："大哥好啊？认识我不？咱们不是上次在博物馆见过面吗？来来，再认识一下——中午有时间吧？我请你吃个便饭啊，我这酒店都订好了——"可是，令他没有想到的是，他的目标人脉此刻在等朋友，正准备一块去古村落游玩："这这这——下次吧。我都给朋友说好了，我一人跟你走，其他约好的朋友会怎么说我？改天吧！"就这样，自己订好的酒店自己还要退订。这就属于心急，事先没有细心调查，更没有及时了解人脉目标的行踪，就贸然出击，结果无功而返。

打造人脉圈，交往目标人脉，这些工作和做饭一样，也需要一步一步慢慢来，万万不可性急。做饭，首先要筹划做什么饭，炒什么菜。计划好之后下一步就需要准备材料，买菜，葱蒜姜，各种调料，这些材料准备好之后，接下来才可以进入做饭的环节。做饭时还要注意火候，注意炒菜要色香味……这样，做出来的一桌饭才可以让大家满意。假如让急脾气的人做饭："做什么饭不行啊？筹划啥？我去买菜——"一会工夫买回来一大包蔬菜，随后不管三七二十一洗一洗就下了锅。很快，一桌子饭菜做出来了。这样的饭菜会让大家满意吗？

从上面做饭的例子可以看出，性急的确吃不上热豆腐。不管做什么事情，都需要一步步慢慢来，这样才可以把事情做好。急脾气的人性子太急，不问青红皂白，没有具体谋划就开始出击，那样说不准就把筹划好的计划搞砸："哎——你是谁呀就请我吃饭？我怎么不认识你呢？你怎么能这样呢？谁说的——不知道不知道！现在我忙呢，别打扰我。我告诉你，谁影响我的思路我跟谁急！"这么一来，目标人脉非但结交不了，还在目标人脉心里留下了不好的印象。

因此，无论做什么事，都需要事前谋划，然后按照计划一步步来行动。万万不能心急，那样无法完成预期的目的。

人际交往中的二八定律

人在生活中做事，需要有重点，正如写一篇文章需要有侧重点一样。工作中有了重点，做工作就有了方向和目标，就有了计划侧重点，这样干出来的工作才能让领导满意。经营人脉圈也是这个道理。人脉圈里什么样的人都有，具备什么能耐的人脉能够做什么样的工作，构建者心里需要弄清楚。其中，那些对你的事业发展至关重要、能够在你的事业发展中起到非同一般的作用的人脉就是你经营的重点。一般情况下，需要构建者将80%的精力投入到这些人脉的维护上来。毕竟，自己之所以费尽心血打造人脉圈，目的就是为了让自己的事业能够得到长足的发展，有朝一日能够步入辉煌的领域。要做到这一点，必须得到这些重点人脉的积极配合才可以实现。

人脉圈都存在对自己事业发展有密切关系的人脉。比如，你开一家公司，除了员工之外，必定还要有生意上的伙伴，这些都对你的事业发展至关重要。

生意上的伙伴人脉同样也非常重要，没有这些人脉的配合，公司的业务就会受到严重影响。这些人脉跟你关系的好坏，直接关系到你事业的发展和成功。和生意上的人脉保持良好关系，公司的业务发展肯定不会遇到阻力。

除此之外，银行、国家工商税务部门的有关人员，也都是你人脉圈里至关重要的人脉，他们的配合能够保障你公司的运营。

所有这些人脉，在你的人脉圈里占据的份额比例不会很大，但经营和管理这些人脉，每天都会耗费你80%的精力。你的人脉圈里也有其他人脉，家庭方面，各种亲戚，同学……这些人脉在你人脉圈里占据的份额比较大。尤其是亲戚这一块：远的近的，你这一边的，媳妇那一边的，七大姑八大姨……尽管来往不多，可毕竟还是亲戚。除此之外还有生活在全国各地的同学，来往不多，但断联系是不可能的。所有这些人脉，在人脉圈占据的份额比较大，平时在管理经营方面基本很少让你操心，大不了有事的时候过去看看就可以了。

因此，经营管理自己的人脉关系，必须要有侧重点，哪些人脉能直接关系到你事业的发展，哪些就属于重点，你需要将80%的精力集中到这部分人身上。和这些人脉保持良好关系，才能让你的事业发展成功，你的人生才可以步入辉煌。

| 社交简史 |

不把情绪带到社交中

在工作中时常听到领导这样说：不要把个人情绪带到工作中，这样会影响工作。细心想一下，这句话说得非常有道理。的确，人的情绪受周围环境的影响，也跟自己当前的心情有关系。情绪不好的情况下去工作，或者跟朋友交往，肯定会受到巨大影响。比如，在家里和老婆刚刚吵了架，情绪低落。此时，有朋友来找："大哥，你看，兄弟我这两天手头有点紧，今天碰巧到了该交车险的时候了。大哥能不能先给我拿几千？"此时，你万万不可将个人情绪带出来："我哪里来的钱？啊？我的钱还不知道在什么地方呢，没有钱借给你。"这么一来朋友间的情分就伤了。此时，你应该振作精神，完全将跟老婆吵架的事情抛之脑后，一心投入到眼前的朋友交往中："啊，这事啊！不要紧不要紧，不就是几千块钱吗？媳妇，给这位兄弟拿一万块钱。"这么一来，这位朋友肯定对你的做法非常满意。假如他事后了解到你刚刚和老婆吵完架，心里会更加佩服你："这位大哥真行，嫂子更好。想不到啊，刚刚吵完架，我居然一丝一毫没有看出来。"

人的情绪受到影响之后，遇到人际交往方面的事，需要克制一下，需要及时管理一下自己的情绪，然后以饱满的热情投入到人际交往上，这样才可以将人脉关系经营好，管理好。不然，自己的情绪一旦低落，接下来很长一段时间内，情绪都会无法恢复过来，看见谁都感觉不顺眼，没有理由就会发火："现在怎么停电了？他电力部门干啥吃的？给老子停电，老子的衣服那还在洗衣机里泡着呢。"说着话，又冲洗衣机发起火来。此时，假如有人脉圈的重要人脉朋友来到了你家里，看到这种情况肯定马上就走："无端的哪来那么大火气？不会是冲我来的吧？"这样，你的人脉关系就会受到影响，说不定还会影响到你的事业发展。

我们在社会上也曾经看到过一些成功人士的做法。这些人脸上时刻洋溢着微笑，似乎他们的生活从来都没有什么不满意的地方，好像生活和工作时时都充满着快乐一样。这种人就会管理自己的情绪，不管遇到什么样不顺心的事情，到了公共场合或者和人脉朋友交往，自始至终都保持良好的情绪，让朋友时刻对自己的事业充满信心。这类人的做法的确值得借鉴，也确实对管理自己的情绪有帮助。

因此，不管在生活中遇到什么难以接受的事，一定要注意：不要把情绪带到工作中或者人际交往方面，及时管理好自己的情绪，让自己在朋友和同事面前时刻脸上洋溢着微笑。

社交中的聊天技巧

现在已经进入了网络化时代，构建人脉圈同样可以通过网络手段来结交和交往。需要注意的是，网络交往和社会上的人和人之间交往有着很大的区别。网络交往一般情况下都是通过网上聊天，然后认识，最终成为了朋友。这种朋友，尽管没有见过面，但一样可以为了共同的事业走到一起，可以互相帮忙。只不过帮忙的方式也是通过网络。

网络交往的主要方式是网上聊天。网上聊天同样有很多技术。会聊天的人，在网络上人气非常兴旺；不会网上聊天的人，整天上网聊天，可就是交往不到对自己事业有帮助的知心网友。

一般人认为，网上聊天说的都是假话，都是互相欺骗，一不小心就会掉进网络陷阱。这样的说法绝对是片面的。网络上的确有说假话的，也有很多网络骗局，或者说是网络陷阱，可是，网络上绝对也有说真话的知心朋友。有些聊天群，根本不存在说假话现象，就是谈一下网络方面工作问题，必要时还互通一下信息，这对于工作非常有帮助。比如，现在各个单位的工作群，还有各个学校的班级群，上面的人脉都是自己身边的朋友，很少有人说假话。

因此，从这个角度上说，网上聊天需要技术，这类技术和社会上的人际交往相比来说具有很多特点。

第一，一般情况下，网友很少见面，只是在聊天群里说话。感觉投机，或者说，感觉这位网友对自己事业有帮助，你可以和这位网友单聊，这就是关系升级。下一步，你们之间同样可以合作："我这里有货物，你可以代售。放心，我肯定会转让部分利润。"

第二，想通过网络聊天交到知心朋友，必须要跟网友说真实的话语，不然交不到真朋友。首先，你要说清自己的需求，如果有人接应，那就接着向下发展，但时刻要提防。等初次交往成功了，双方的信任度增加了，下一步就可以深层次交往，或者可以直接见面，因为这个网友对你的事业发展有帮助。

第三，网上交际，需要搜寻跟自己事业有关系的"个性"聊天群，比如：作家群、金融家群、家庭教育群……你的事业属于什么性质，你就可以申请加入到什么聊天群。这样大家基本都是"同行"，下一步可以聊一些关于事业发展方面的话题，寻找到自己的人脉目标后，就可以将二人的关系升级。

网络聊天的技术有很多，其特点也不止上面说的三条。总之，在网络上开展人际交往，同样需要你去细心观察，勤奋努力，用真心才可以交到对自己事业有帮助的朋友。

Chapter ❿

社交无小事,凡事动脑子

　　构建人脉的能力考验一个人的情商的高低,情商高的人不论何时何地与何人相处,关系都会十分融洽。究其实质,情商高的人在人际交往过程中十分会动脑筋,懂得在人际交往过程中不能仅仅追求自己感觉良好,而要体察别人的心理变化和情绪,有能力让别人开心,乐于克制自己的情绪而首先满足别人,这样的人在人际交往过程中显得十分灵活。比较自私的人以及比较自我的人往往人际关系比较紧张,因为这种人只考虑自我感受而忽视别人的感受。总之,构建人脉关系说起来容易做起来难,需要会动脑筋才行。

社交中最好的营销是"软营销"

有事业心的人都渴望自己能在最短的时间内构建一个理想的人脉关系网,那样绝对能够让自己的事业在短时间内得到快速发展。看到周围的同事结交的那些朋友,事业刚刚起步的人就会非常羡慕:"瞧瞧人家的朋友圈,都是市面上有头有脸的人物。有这样的人脉圈做后盾,什么事能难住人家?人家的事业不辉煌才怪!"回头看看自己的人脉圈,事业刚刚起步的人就会唉声叹气:"我在人际交往方面不能跟人家比。有什么好办法能够让我的人脉圈迅速上一个档次呢?"新人都有这种期望,都想让自己的人脉迅速扩大,让平日自己仰慕的人物都能成为自己人脉圈里的人。

事业刚刚起步的人经过反复思索,最终就会在浮夸吹牛方面想主意,妄图以此来引起目标人脉的注意。但几次三番之后,纸里边终于包不住火了,结果,没几天此人就会原形毕露。

由此可以发现,浮夸吹牛不是发展人脉的好办法,毕竟朋友之间的信任是需要时间考验的。随着时间的推移,你的"庐山真面目"很快就会大白于天下。

其实,发展自己人脉最好的办法就是实施"软营销"战略,以友好的方式宣传自己,尊重周围人脉的切身感受,给自己的人脉提供最需要的帮助,树立自己的良好形象。这种策略,肯定会让自己人脉圈里的朋友感动:"你真太好了。和你这样的人交往,太值了。你对朋友真是有一份力量就使出一份力量，不像有些人，只知道保存自己的财力。"这样的评价在人脉圈里传颂，就是为你做人脉广告。这还不算，你的朋友还会在他的朋友圈里传播这样的言辞。这样一来，你的知名度就会大大增强，很快就会传到你目标人脉的耳朵里。接下来，不长的时间里，你的人脉圈就会迅速扩充，达到你理想的效果。

因此，在发展人脉方面，浮夸吹牛不是好办法，因为那样经不住时间的考验。你最好采用"软营销"策略，货真价实提高自己的品位，自己的人脉圈就能在短时间内形成规模。

社交中的品牌效应

一个新人想打造自己的人脉关系网，需要具备品牌意识，凸显自己比较明显的个性特征。犹如一项产品要进入市场一样，需要首先打造出品牌效应，以良好的形象出现在公众视野里："行啊，这个年轻小伙子不错。精明强干，任劳任怨。自己尽管没有什么大背景，可人绝对靠得住。"在这样的评价之下，肯定会有很多人慕名结交你："早就听说过你的大名，愿意和你交朋友。"

品牌意识交朋友的办法古时候就有，比如《隋唐演义》里边的秦叔宝。秦叔宝本人并没有多少钱，也不属于什么大户人家，可他的朋友圈里都知道秦叔宝为了朋友能慷慨解囊，人称"小孟尝"。在这种鲜明个性招牌下，秦叔宝周围聚集了很多英雄好汉，他的人脉圈在当地小有名气。其实，秦叔宝在当地也就是个一般人，并没有什么特殊能力，也不是什么达官贵人。他就凭借具备鲜明个性的"小孟尝"招牌，不仅让自己名气大增，还打造了一个不寻常的人脉圈。这样的品牌在江湖上传开，很快有很多知名度很高的朋友慕名和秦叔宝结交，最终让秦叔宝身边好汉如云，朋友遍天下，也正是在这种人脉圈动力的支持下，秦叔宝终究在乱世中脱颖而出，成就了辉煌的事业。

新人打造人脉圈需要品牌意识，更需要能够在品牌意识中凸显自己鲜明的个性。新人打造人脉圈犹如打天下一般，品牌树立起来了，自己鲜明的个性也需要跟上去："这小伙子文笔不错，在好多知名报刊杂志上发表过作品。写个材料啥的找他，准没错，肯定能够让你满意而归。"这样鲜明的个性引导下，很多需要写材料的人就会慕名而来，你的文笔肯定会大放光彩，朋友圈也会兴旺发达。毕竟，社会上大部分人都喜欢有文采的人，很多大单位也喜欢在反思总结材料上面做文章。这样一来，你的品牌效应达到了预期效果，你的文采个性在朋友圈的构建方面就起到了应有的作用。

打造人脉圈，使用品牌意识，一个需要注意的问题就是：必须货真价实，万万不可以假乱真。比如上面的例子，你的个性品牌是文笔很好，可是在朋友引荐的时候却发现，你写的材料还不如人家。这样一来，你的个性品牌里面肯定"兑水"了，并且水分还挺大。这样的朋友圈即便临时打造得很好，肯定也经不起时间的考验。

还是那句话，做人要实在，跟朋友交往更要实在。这样的品牌意识，再加上鲜明的个性，你的朋友圈才可以兴旺发达。

社交中的大智若愚

我们周围有些人看起来并不精明,有时候在日常生活中看起来甚至还傻乎乎的,可是,令周围人感到吃惊的是,这种看似傻乎乎的人竟然在交际方面具有独到之处,很多人都愿意和这种人交往,其人脉圈非常兴旺不说,其中还不乏一些社会上有头有脸的人物。周围的人有了什么难事,有时候还必须向此人登门求救,让周围人无不羡慕:"怎么回事啊?这人说话前言不搭后语,办事也显不出精明,怎么在人脉圈里有这样的威望?真不知道他的那些朋友都是怎么想的。"

其实,这种看似傻乎乎的人内心比谁都亮堂,之所以看似"傻乎乎",其实是人家外表的一种策略。与人交往,让人感觉自己非常憨厚,表情永远乐哈哈的,一副满不在乎的样子。站在人面前,这种人的形象似乎永远都是一种配角的角色,但正是因为这种"配角",所以人人都愿意和他结交,都愿意在他面前充当"主角",于是,他的人脉圈才得以兴旺发达。人人都拿他给自己当配角,最后就会出现一个问题,大家都成了配角,而他则变成了"主角"。

这种例子在古代文艺作品中也不乏事例。比如:《隋唐演义》里边的程咬金,《三国演义》里边的张飞,《杨家将》里边的孟良、焦赞……这些人物的出场和后边的剧情,都看似勇猛而缺少心机,似乎都是主人公身边的配角。可是到了后来,这些人都成就了一番辉煌的事业。比如程咬金，武功方面不怎么样，与人交往方面更没有什么心机，此人在人脉圈里似乎是一个配角，但是，程咬金福大命大造化大，最终成就的事业非常辉煌。

有些人看似有些笨，但这种笨人似乎有人家的笨办法。在人脉圈里一些问题的处理方面，这种看似笨的人能够做到笨得恰如其分，并能得到周围人的赞许。比如《三国演义》里面的张飞，在曹操大军逼近的时候，他居然一个人单枪匹马站立在长板桥上。这种做法，让平日生活中比较精明的人难以想到："谁不怕死啊？都到了那份上，还不赶紧逃命去。"然而，正是张飞这种看似"傻乎乎"的做法，最终让曹操的大军感到了害怕，同时也赢得了刘备的欣赏，最终在刘备的心目中占据了不凡的位置。张飞的这种做法，让自己赢得了人脉，在人脉圈里树立了威信。

因此，有些人平时看似比较笨，但其实人家并不笨；可有些人平时生活中看似比较精明，其实并不精明。正如张飞在长板桥上一样，要是一般所谓的精明人肯定都逃走了，可张飞依然单枪匹马站在那里。

笨人有笨人的办法，有时候的确能够笨得恰如其分，能够把事情做到恰到好处，赢得了人脉，最后也能取得事业的辉煌。

知彼知己，百战不殆

打造人脉圈，首先需要了解人脉，了解周围人的性格脾气和爱好，以便更好地接近他们，结交他们，最终让周围人进入到自己的人脉圈。做到这一点，就需要从观察和思考两个方面入手，细细琢磨人脉目标的个性，最终才能了解人脉目标的底细，才能将他吸收到自己人脉圈里。

这方面最好的例子莫过于历史上的刘备和孔明了。当初，孔明在别人推荐下进入了刘备的视线，成为了刘备的人脉发展目标。经过刘备的深入调查，最终了解了孔明的底细，然后三顾茅庐，最终让孔明进入到了自己的人脉圈，并为自己的事业发展起到了关键性的作用。刘备了解孔明的同时，孔明也在观察刘备，他也在了解刘备的为人，经过缜密的思考，孔明才下定决心，最终在刘备第三次来寻找自己时，让刘备进入了自己的人脉圈。后来，白帝城下，对孔明已经深入了解并摸准孔明命门的刘备"托孤"：假如感觉刘禅不行，就让孔明废掉刘禅自己当皇帝。这句话非常厉害，说明刘备已经摸准了孔明的命门，最终孔明誓死为刘禅效劳，鞠躬尽瘁死而后已。

能够摸准人脉的"命门"，需要对人脉的人文背景、性格脾气有相当深入的了解才能做到。只知道和人脉交往，根本不做细致的观察和思考，就无法摸准人脉的命门。人脉一旦有了机会，说不定就会离你而去，也说不定会做对你的事业发展不利的事情："大哥，我错了。那次主要是朋友硬拉我那么干。要不这样吧，我给哥哥道歉，希望哥哥能够原谅我。"这样的套词说出来让你无可奈何，他已经把事办了，对他的事业发展肯定有好处，可损害了你的利益，就这么给你道歉算完。试想一下，假如你能及时查到这位人脉的特点，及时摸准这条人脉的命门，他还敢那么做吗？

因此，具备强烈事业心的人，就需要对自己人脉圈里的人脉细致地观察和了解，及时了解人脉的心理动态，在恰当的时机做出恰如其分的判断，摸准人脉的命门。当人脉要做对他自己事业发展有利而会损害你的利益的事情时，你就可以及时出现："干啥呢你？朋友一场，你这么做对吗？我感觉平时对你不薄。你自己考虑一下，你要这么干，你对得住我吗？"

人心难测，毕竟朋友圈里的人脉都有各自的事业和利益。为了你的事业和人脉圈的稳定，你的确需要仔细观察，深入研究，这样才可以及时摸清所有人脉的命门。

社交中的言辞要适度

人人都知道说话是一门艺术。一句让人信服的言辞，在军事上有时候能够胜似千军万马，在生意场上有时候能胜似万亿资金。因此，如何能将自己的言辞说到恰到好处，让周围的人脉听到后都感到身心愉悦，是每个人时刻都在深思并积极探讨的问题。在自己的人脉圈里，在合适的时候、合适的地点说几句贴心的话语，让人脉圈的朋友人人称赞："行了大哥，有你这几句话，弟兄们啥都不说了。放心吧，明天的工作肯定能按时完成。"

经营人脉圈的人似乎都想得到说话的"秘籍"，但能够把话说到恰到好处，并不是一两本秘籍能够解决的问题，而是与朋友交往中长期积累下的经验。一般情况下，言辞涉及问题的深浅和适度"暴露秘密"就是其中一条重要的经验。与人脉圈里的朋友交谈，话语涉及朋友生活问题，深度应该有所把握，不能涉及太深，点到为止。不然朋友会反感："这位大哥，说话怎么说到我和我媳妇的生活问题上来了？周围这么多朋友，这让我今后还怎么有脸见人？"从这样的评价中能够感觉到，你说到人脉朋友生活中的某些痛处（比如朋友生理方面的疾病），人脉出现了反感情绪。然而，有时候说话涉及问题过于浅，跟人脉朋友交谈时常像刚刚见面寒暄一样，就会让人脉朋友感觉你这人有些不实在："这人，跟咱们弟兄们说话时常就那么几句话,跟生人刚刚见面似的:'你好啊,孩子多大了,父母身体都好吧?'问得我心烦。太不实在了。"这样的评价,足能说明你的言辞过于浅,无法让人脉朋友感到贴心。

因此,和人脉朋友交谈,涉及问题的深浅需要仔细掌控。太深了,朋友就会反感;太浅了,朋友就会说你不实在。如何能够做到深浅恰到好处,你需要潜下心来细细了解朋友的心理,观察朋友们日常生活中的细节,然后再细细揣摩研究,或许能够掌控到说话涉及问题的深浅问题。

和朋友说话,适度"暴露秘密"也是一项言辞的技术。不过,这个适度很重要,过多地暴露自己的机密,对自己不利;暴露得不到位,又达不到理想效果。这方面可以通过一个实例来说明这个问题。在一部电视剧里有这样一个剧情:

民国期间,上海的一家银行濒临倒闭,很多储户都排队等候支取自己的本金,这样的举动让这家银行雪上加霜,痛苦不堪。关键时刻,董事长想出了一条妙计:"经理,你调集车辆到郊区仓库拉资金,今天我们绝对给各位储户一个满意。"很快,众目睽睽之下,一辆辆满载银元箱子的马车来到门前,随后银行的员工开始向里边搬运。期间,董事长故意让一名老员工摔倒,结果,一箱子银元"哗啦"摔到地上,白花花的银元滚落满地……正在排队等候支取本金的储户看到这些,马上放下心来:"人家银行有的是钱,咱这俩儿钱不算什么。放心吧,就在人家银行放着吧。"储户们不再排队支取本金,给了银行喘息的机会。

上面的例子中,董事长适度将一箱银元暴露,将储户人脉的心理稳定了下来,保住了银行本金的周转。这种适度暴露秘密的办法,在和朋友交谈方面,或许有所作用:"哎哎,媳妇,800万的那张支票,不行的话就放到咱妈那里。又不是什么大钱,不然老人家整日地念叨。"这样的话让你的人脉朋友听到,还真猜不出你手中有多少钱:"大哥有经济后盾,弟兄们放心跟着大哥干吧。"

其实，说话的"秘籍"很多，并不是三言两语能够说完的。不过，在人脉朋友交往方面，言辞涉及的深浅和适度"暴露秘密"的确是经验之谈。

与社交牛人交往的技巧

人脉圈子里也有很多牛人，比如某位朋友酒量很大，一般的酒桌都不在话下："这样喝酒，一斤二斤的白酒不算什么。大哥，他们不服的话，让他们放马过来！"这样的言辞放在酒桌上，周围的朋友听到后无不称赞："太牛了！有你在，什么样的客人也能让他趴到桌子底下。"

经营管理人脉圈，需要经营者有韬略，能够让人脉圈里的朋友信服。可是，人脉圈里要遇见"牛人"，还真的需要考虑考虑，不然自己肯定会栽在人家手里。比如说酒量大的朋友，到了你的人脉圈里，和你坐在酒桌上的机会肯定会很多，在喝酒方面过招肯定是必须的。可是，面对"一斤二斤白酒不算什么"的牛人，你怎么跟人家过招？牛人拿起酒瓶倒上满满一大玻璃杯，然后一仰脖子下去了："大哥，看你的了。"此时，人脉圈里的朋友都把眼光集中在了你的身上。

看看那样的玻璃杯，一杯白酒足足有四两。这一杯下去，不醉也得晕，可是面对"牛人"朋友的挑战，不喝的话，面子上还真的有些过不去。"怎么？看不起咱弟兄们？"接下来，你需要考虑自己能不能一口气喝下这杯酒，或者说，喝三次："兄弟，哥哥我在喝酒方面的确不能和兄弟比。不过这杯酒我必须喝干了。这样吧，大伙给我一个面子，我喝两次，两次我干了这杯酒行不行？"这样一来，朋友们也不能说什么，面子也有了。

人脉圈人脉的性情复杂，谁也难以预料会遇到什么样的"牛人"，可遇到了，必定会在一个朋友圈里混，过招是必须的，正如上面的例子一样。不过，和牛人过招有几个要点需要记住，不然就会伤及朋友情分。

首先，和人脉圈里的"牛人"过招，需要让自己和"牛人"以及周围的朋友都有面子。正如上面例子中喝酒一样。"牛人"朋友提出来了，并且自己先干了，你一定要喝干，即便你喝七次八次也无妨，这样双方才有面子，大家今后才能在一起相处。

再者，和"牛人"过招要掌握好分寸，适可而止，不然的话，你就会和"牛人"变成"打擂比武"，那样会很难收场，到时候说不定还会伤及朋友情分。

还有一点需要注意，和"牛人"朋友过招，如果实在扛不住，该认输的就认输，千万不能死扛到底。比如上面例子中的喝酒，喝不下去的时候别硬喝，毕竟身体是人际交往的本钱。

总之，和"牛人"朋友过招要多加小心，还要不能伤及朋友情分，需要构建者细心观察和分析"牛人"的特点，以便找到合适的过招办法。

端正心态，摆正位置

自己打造的人脉圈里，一般都是以自己为中心，朋友基本上都是因为和你交往才进入到你的人脉圈里的。这样一来，是不是可以认为，你就是这个人脉圈里的"老大"？其实不然。你在自己朋友圈里的角色，其实都是在变化之中，要根据具体的事件和事件涉及的人脉来确定自己的身份，万万不可到处冒充"老大"。那样在有些场合会伤及朋友情分，有时候还会让人脉远离自己。

自己的人脉圈同样非常复杂，有的人脉在人文背景以及经济实力各个方面都要明显超越自己，自己在事业发展方面随时需要向这类人脉求助。这种情况下，你和这类人脉朋友交往，绝对不可以以"老大"的资格自居，那样会让你事业的发展面临困难。"他竟然敢在我们面前摆谱，胆子太大了。这事，不能给他办！"这样一来，你就等于自毁前程。

有时候，你人脉圈里的朋友是主动和你交往的，这类人和你交往的目的，都是想让你为他们各自事业的发展提供帮助。这种情况下，你就可以以"大哥"自居，但也不能气势压人，因为大家毕竟都是朋友，在饭桌上大家都是兄弟。你完全可以将"大哥"的光环笼罩在自己头上，但说话依然需要做到谦恭："兄弟，你放心吧。对于你说的这件事，哥哥我肯定会挂在心上，必须全力以赴。不过，办不好的话，兄弟到时候别埋怨哥哥。咱们这样，后天你听我电话，我一定给你一个准确答复。"这样的话说出来没有丝毫推诿的意思，绝对让人脉朋友心服口服，还显示了大哥的威信。

不过，自己人脉圈里，人脉大多数都是因为相互帮助，感觉大家能为自己的事业"增砖添瓦"才结交成为朋友的，因此大多数还是兄弟。大家坐到饭桌前，一般情况下不会分大小，大不了按照岁数大小排一下座次，但说话方面不论大小，都是一片祥和的气氛。这种情况下，自己的角色不重要，重要的是要保持这种其乐融融的朋友气氛。

有些人打造自己的人脉圈，从来都比较谦恭。不管人脉圈里的朋友是谁，自己都以配角的身份出现，对人脉圈里的朋友提出的要求都能全力以赴。这样的交往风格非常好，能够让人脉圈里的朋友都有一种自豪感，并且还都愿意和你交往："这位大哥实在太好了。说话从来都能让人舒服，从来不摆谱，办事还非常实在。"

总之，人脉圈里的人都是你的朋友，如何让这些人和睦团结，你需要在经营方面时刻注意自己的角色变换，合理利用人脉朋友，努力做到让朋友们内心都能感觉到朋友的温暖。

社交切忌喋喋不休、牢骚满腹

提到唠叨，很多人就会想起上岁数的妇女。的确，女人上了岁数之后似乎都喜欢唠叨，这似乎成为了上岁数妇女的一种通病。不过，有些人天生喜欢唠叨，并且还是爷们。这种人，遇到事情不顺心就开始不停地说，尽管周围人不愿意听，或者感到厌烦，但这种人依然没完没了在你的耳边唠叨，有时候真让人受不了。

遇到不顺心的事情就开始唠叨，是发牢骚的表现，会让周围朋友厌烦。因为发牢骚没用，该提的意见可以当面鼓对面锣明打明敲，没有必要在人背后喋喋不休地发牢骚，这样不仅让周围的朋友感觉厌烦，传到当事人耳朵里就会引发矛盾冲突："啥意思啊？背后在别的朋友面前这么说我？有话当面说啊！他怎么说的？你把原话给我说一遍，我马上找他去。什么人呢？"这样，遇到火爆脾气的人，说不定还会惹下麻烦。

喜欢唠叨的人发展人脉圈肯定会困难重重，因为周围朋友提到此人都会敬而远之："你还是算了吧。我还想清静会儿呢！遇到事就没完没了给你说，太招人烦了。"在这样话语的宣传下，你的朋友圈很难构建。即便遇到性格脾气相同的人，二人遇到事都发牢骚，一直说到半夜还不肯善罢甘休，这样，二人还真能合得来。可是，这样的朋友圈还有意义吗？还能为各自的事业发展提供帮助吗？整日喋喋不休，定会耽误工作时间。到某单位办事，一说话就没完没了，肯定会影响办事人的情绪："这人怎么这样呢？你闪开。我后边还有工作要做呢，你别在这里烦我！你走不走？再不走我可叫保安啦！"这么一来，办事效率肯定低下，因为你喋喋不休处处招人烦。

因此，假如自己意识到有唠叨的毛病，就想办法克制一下，不要遇到不顺心的事情就喋喋不休，那样无法打造属于自己的高效人脉圈，更无法开展自己的业务工作。遇事忍一忍，少说话，细细分析其中的根由，找到解决问题的办法才是关键，这才能解决问题。你没完没了不停地说，什么时候能把问题解决了？

"你让他说吧，我看说到天亮是不是能把问题说好了！真没办法，遇到事情不是琢磨怎么解决问题，总是说个没完。这于事无补啊！真是烦死人了。今后少跟这样的人交往。"

遇事不要喋喋不休，不要牢骚满腹，改正自己的缺点，让自己的朋友圈里多一些做事的人。这样一来，工作效率才可以提高，才可以打造高效的朋友圈。

人际交往要低调行事

在社会上或者人脉圈里过分地招摇和显摆，不是什么好事。首先，喜欢妒忌的人听到你的显摆之后肯定会对你心怀恨意："不就是有几个臭钱嘛？显摆什么呀？"其次，喜欢借钱的朋友也会乘机而入："大哥大哥，你看，兄弟我这几天手头太紧。你看是不是先给我拿两万。哥哥尽管放心，等我手头宽松了，肯定第一个先还你。"你刚刚在朋友面前显摆说自己有钱，遇到这样借钱的朋友你借还是不借？借了吧，这个朋友借了别人的钱时间很长了还没有还；不借吧，自己说自己有钱了，硬是不借，周围朋友会寒心的……这种情况下，你肯定会追悔莫及：干嘛在朋友面前显摆呢？这不是没事找事、自己给自己挖坑吗？

在朋友圈里过分招摇和显摆说不定还会给自己带来祸害，毕竟，人脉圈里人多心杂，什么脾气性格的人都有。俗话说："不怕贼偷，就怕贼惦记"。你过分地招摇和显摆引起了某位朋友的注意，他就在自己的人脉圈里说："某某太有钱了，还不是一般的有钱。谁要缺钱花了，就想想办法。"这么一来，各个朋友圈里不断传播你过分招摇的事情，你说不定就会引祸上身。

因此，即便自己在事业方面取得了一定业绩，也没有必要在人脉圈里过分招摇，在朋友面前稍微表示一下就可以了："哎，兄弟我这段时间事业发展不错，今天招朋友们聚一下。没有别的意思，就是想弟兄们了。"这么一说，朋友们都心知肚明，都明白你这段时间肯定发财了就可以了，没有必要过分招摇。

其实，在自己人脉圈里的朋友面前过分谦恭也不好，毕竟大家都是朋友和兄弟。假如自己这段时间事业很不错，人脉圈里的朋友也都看在眼里，可你愣是一副谦恭的表情："没有什么，没有什么，弟兄们，我那点事业算不了什么。"这样也会失去人脉的信任："这小子，明明发财了，竟然在咱们弟兄们面前连吭都不敢吭一声。什么情况？拿咱们不当兄弟是不是？还是怕咱们这帮穷哥们借他钱啊。"这么一来，你人脉圈的发展说不定就会受到影响。

因此，自己的事业假如有了某方面的业绩，在人脉朋友面前适当表示一下是正确的，但绝对不可以过分招摇和显摆。毕竟，大家都是朋友和兄弟，今后还需要在一个人脉圈里共事，还需要为各自的事业发展而拼搏。

人际交往中的消费策略

在自己人脉圈里花钱绝对是一门技术，也是一门艺术。俗话说得好，"钱要花在刀刃上"这句话非常形象地说明了花钱的技术性和艺术性。一口刀，有刀背、刀面、刀柄和刀刃。花钱必须要看准，用在刀背上、刀面上、刀柄上，都起不到应有的作用，原因是，一口刀的真正价值在于是不是锋利，只有把钱花在刀刃上，才能真正提高这口刀的使用价值，才可以让钱起到真正的作用。

一口刀很容易就能找到刀刃，可要在人脉圈里找到合适的"刀刃"，这就需要构建者用心观察和思考：这钱究竟花在什么时间，什么地点，才能让这钱真正发挥作用？比如，人脉圈里刚刚有人请客，朋友圈的人脉几乎都去了，吃得还非常好。这段时间，你就不要再请弟兄们吃饭了："啥意思啊？昨天那顿饭的酒味还在鼻子里呢？现在喝酒……是不是怕弟兄们多喝你的酒啊？"这么一来，你的宴请就显得不是时候，说明钱此时花不会起到应有的作用，没有花在刀刃上。

会花钱的人也需要在花钱方面动脑筋，他非常会寻找朋友人脉中的"刀刃"。比如：有一位朋友圈里的人脉家里出了事，他经济条件又不是很好，当前人又比较忙。在朋友们都过去帮忙之后，他就表示要请大伙吃饭。此刻，你就可以站出来："兄弟，哥哥我想多说一句话，我也没有别的意思。你看你这么忙，也没有时间陪我们，眼下你用钱的地方又非常多。我想让兄弟给我一个面子，这顿饭让哥哥我来请，就算哥哥又给兄弟你帮了一次忙行不行？"这样的话说出来，肯定会让当事人非常感动，也会让朋友圈里的人脉为之动容："这哥哥当的，真行！今后还能说别的？一心跟着这位哥哥干就是了。"这么一来，你的钱肯定是花在了"刀刃"上。你的朋友圈肯定会因此越来越旺，你在朋友圈里的威信也会越来越高。

也有些人不会花钱，他们很难找到人脉圈里的"刀刃"，结果把钱花了，还会让人脉朋友寒心。比如人脉圈里有一位显赫人物请客，原因是最近发财了。此时，假如你站出来说："哥哥，你发财了，兄弟我也高兴。这么着，今天的饭菜算我的，就算我给哥哥道喜了。"这样的话让周围的朋友听了都会寒心："你算老几啊？人家发了财，你替人家请客？是不是想巴结人家啊？怎么前天大家坐在一起闲喝酒的时候，一到算账时间你比谁都跑得快呢？这样的人，今后少跟他来往！"

　　从上面的例子可以看出，在人脉圈里花钱，还的确需要多费心，认真考虑花钱的合适机会。不然，你的钱不仅会白花，说不定还会因此而得罪朋友，让人脉圈里的朋友因此远离你。

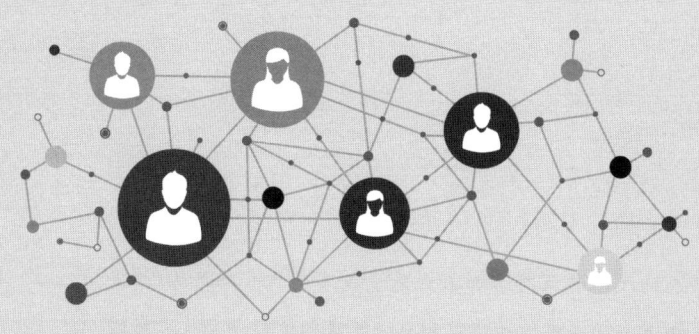

第四部分
保持活性,打造共性

每个人的人际关系网络都不会是一成不变的，而是动态的，相对稳定但也会随着时间的推移和自身情况的变化而变化。有的关系维持时间比较长久，甚至一生都有交集，而有的人因为诸多原因所致交往时间很短，这些情况都属于正常现象。正因为人际网络处于变化状态，所以人际圈子的维护就显得十分重要。对于人际圈子要勤于分析整理，要时常主动沟通联络，保持交流互动。对于个别负能量的关系也要坚决剔除，否则只有坏处没有好处。

Chapter 11

社交的成本与收益

天上不会掉馅饼，世上没有免费的午餐，构建人脉关系必然要付出相应的成本，只有付出，才有收获。首先必须付出时间成本，人际圈子越大，需要付出的时间成本越大，这就给了我们一个十分重要的启示，即构建人脉关系的规模需要有所控制，并非认识的人越多越有利。其次，需要付出精力，每个人的精力是有限的，花多少精力用于人际交往需要理性掌控，不投注精力显然不行，但不能因为人际交往而感觉十分疲惫。再次，需要适当付出物质成本，如一起游玩或者请客送礼等，这些都是无法省略的事项。

社交中的说话艺术

经营管理人脉关系需要精力、时间,必要时还要耗费一定的财力。当然,精力和时间在一定程度上也可以称为"财力"。这样统筹下来,管理经营自己的人脉关系网在一个阶段需要耗费一笔相当大的"财力"。随着自己事业的发展,人脉关系网也会兴旺,也会不断扩展,这样一来,在这方面耗费的精力、时间、财力自然也会增加,必要的时候说不定还会影响家庭生活。可是,为了事业的发展,更为了有个辉煌的明天,我们还必须要发展自己的人脉关系网,还必须让这个人脉圈为事业发展服务。这样一来,一个新的问题就会摆在我们面前:怎么能降低维护人脉关系的成本呢?自己在人脉关系网的管理经营方面,能不能少耗费精力、时间和财力呢?

仔细分析一下,统筹各方面的手段,唯独说话的成本比较低。在人脉关系经营管理方面,有时候一些必要的言辞,一些巧妙话语就能让一些人脉感动得热泪盈眶,那些话语还会在人脉圈到处传播,其实都是在为自己做一种免费的广告。在这些言辞下,更多的优秀人脉会被吸引到你的人脉圈里,都会尽心尽力为你的人脉圈服务:"瞧这话说得,多好!跟着这样的人做事,即便少挣点钱心里也痛快。人不能光为钱活着,我就愿意与这样的人共事。"

相反,假如自己在某个错误的场合、错误的时间说了一些错误的言论，那这些言论就会被自己的人脉朋友圈里四处传播，结果，最后就会导致很多优秀人脉离自己而去。这就是语言的魅力。如果能合理利用自己的言辞，就能够让你在维护人脉关系方面减少成本，几句话胜似很多钱，并且让你在精力和时间方面都能大量节约。反之，不仅让你多跑腿，还会煞费苦心，必要时候还要在饭店请吃请喝，财力、精力都会大量耗费，结果人脉圈也难以维护。他们表面上寻找各种各样的理由，其实内心都是因为你的某些言辞："说的叫什么话？我们能跟着这样的人干吗？必须找理由离开这里，不然，我气不顺！"

因此，巧妙而温馨的言辞能够让你节省很多的精力、时间和财力，并且成本非常低。不过，言语的艺术非常高妙，需要你潜下心来认真研究和练习，最终才能在说话上如火纯青。

社交也要量力而行

在人脉管理和经营上，需要构建者花费必要的时间、精力和财力……尽管构建者满腹怨言，可是，一想到自己的事业前途，就会咬牙坚持："没办法！这些人脉都是我事业成功的保证啊。我必须要和他们搞好关系。花点钱、花点时间不算什么……"在这样的理念支撑下，构建者自然会在人脉维护方面不惜余力，苦苦支撑。

在人际交往方面，必要的财力花费是必须的，不然就会在人脉圈里被别人说"老抠"。可是过多的时间和精力花费在人脉维护方面，不仅会影响自己的生活，还会在一定程度上伤及自己的身体。每天陪朋友吃饭喝酒到半夜才回家，身体肯定会受不了。"这可不行，怎么老是感觉头晕呢？近来上楼也不如以前了。哎——"到医院一查就会大吃一惊："哎呀——好家伙，这血压怎么跟过山车似的。这还了得！"这只是身体方面，家里的老婆孩子对你生活没有规律也难以适应："你这是干啥呢？每天把老婆孩子扔到一边去瞎吃瞎喝。你要有个三长两短，你让我和孩子跟谁过日子去？"老婆这样的话说出来，估计再刚强的爷们也受不了。将生活中的大部分时间用在人脉交际方面，势必让生活质量下降。毕竟，人生苦短，人活着主要还是愿意生活在快乐而温馨的环境中，谁也不愿意整日没完没了地陪着别人说话吃饭喝酒。这样一来，你就需要合理控制用于人脉交际的时间、精力和财力，将部分精力和时间花费在提高生活质量方面，抽出部分时间好好享受生活，让事业发展和提高生活质量并举。

因此，人际交往方面，必要的时间、精力和财力花费都是必须的，因为我们需要事业，需要事业的辉煌，需要在人际交往方面下工夫，为自己的事业添加动力。但是，人的生活更重要，人的身体更是人生打拼的本钱，在生活受到影响之后，或者身体吃不消的情况下，一定要合理控制在人际交往方面花费的时间、精力和财力。

人来到世界上，身体首先是第一位的，在身体健康没有保障的情况下，其他一切都免谈。其次，生活的质量也同样重要，因为生活是你身体的强大后盾。要保证你的身体健康和生活质量，你就需要合理控制在人际交往方面的精力、时间和财力，让自己的人生充满温馨，而不是充满酒气。

社交中的阶段性总结与完善

很早的时候就流传这样一句话:"共产党的会,国民党的税。"这句话形象地说明了国共争锋时期两党的特色。中国共产党开会的次数很多,各级组织都在每个阶段要开会,总结以前工作的成绩,分析工作中存在的缺点,对下一步工作的要点再探讨一下。想一想,中国共产党的开会政策有很多的优点:阶段性总结,能够及时修正工作中的缺点……正是这些优点,最终中国共产党不仅带领中国人民取得了革命的胜利,建立了中华人民共和国,还让中国走向了繁荣富强的道路。

假如阶段性会议的策略使用在维护人脉圈上,那肯定能够让你的人脉关系网兴旺发达。的确,在一段时期之后,构建人就及时做一次阶段性评估人脉的效能,及时修正人脉圈的发展方向和规模,这肯定会对人脉圈的发展起到关键性的作用。比如:某人脉在这段时期工作状态不好,需要及时调整一下。你就可以约此人小酌,细细了解一下他在这段时期的思想变化,找到问题的根由,帮助这位朋友解开思想上的疙瘩,让他积极投入到工作中。

维护人脉圈的建设,经过一定时期之后还需要调整人脉圈的发展方向。比如说,这段时期朋友圈内喝酒比较严重,有的还出现了酒后驾车的现象。为此,你需要开会说明一下:"弟兄们,这段时期怎么朋友圈酒味有些大,都窜到公路上去了。我要说的是,你可以把公司的工作放一边去,但是你需要想一想自己的老婆孩子,想一想把你养到能够工作养家的爸爸妈妈。弟兄们,别再这样喝酒了,这样下去会出大事的。"这样措辞肯定能及时修正朋友圈内酗酒的风气,让朋友圈健康发展。

  随着人脉圈的发展,有时候你会忽然发现人脉圈的规模有些不正常。之所以不正常,是因为某些时候,朋友圈里的人脉拉进了一些对你事业发展没有关系的人脉朋友,这就造成了人脉圈规模过于庞大,下一步会对你的时间、精力和财力造成没有必要的浪费,需要你及时调整,及时远离一些对自己事业发展没有必要的朋友,让人脉圈精简,减轻你的生活压力。不过,有时候你也会发现,人脉圈很长时间没有增加新朋友,或者说,一些新的人脉目标还没有被发展进来。这样一来,你需要及时调整策略,马上想办法去发展这些人脉目标,给人脉圈补充"新鲜血液",让人脉圈也充满活力。

  因此,正如一个组织的阶段性会议一样,维护人脉圈,也需要进行阶段性评估某些人脉的效能,及时修正人脉圈的方向和规模,让人脉圈真正成为你事业发展的动力,以免让人脉圈变成你生活上的包袱。不仅不会成为你事业发展的真正动力,反而会在一定程度上影响你事业的发展。

社交中如何让自己的资金发挥最大的作用

  《旧唐书》里面有句话:"财聚人散,财散人聚。"意思是说:人假如把钱财都聚集在自己手里,那么,人脉朋友将会离你而去;相反,你如果将这些钱财分给周围的人脉朋友,这些人脉就会聚集在你的周围。

这样的道理在一定程度上能够让一些人心服口服："是那么回事啊。我把钱财死死抓在自己手里，周围的朋友都干瞪着眼睛，一分钱都摸不着，人家还跟着我干嘛？可是，假如我能够将这些钱财及时分给他们，为他们各自的家庭事业服务，这些人脉肯定会感恩戴德，肯定会团结在我周围，为我的事业去努力奋斗。"可是，细想一下，这种解释似乎还不能算作科学。比如，财聚人散。现代世界的金融业，都是将社会上的钱财聚集在自己手中，但好多企业公司依然聚集在金融业周围，离开金融业的支持，好多公司都寸步难行，他们都是金融业的好人脉，因为金融业的发展也需要这些公司企业辅助。只要能把钱财聚集在手中，周围的人脉就会越来越多，人脉圈也会越来越兴旺。

再比如，财散人聚，假如某家银行倒闭了，接下来，这家银行就会把储户的钱财分发到各自的手中，这样一来，公司老总们再也不会聚集在这家倒闭的银行周围了。"你找他干什么啊？自己都揭不开锅了，你怎么让他来帮你？他现在都成穷光蛋啦！"这样的结果和财散人聚的结果也不相同：钱财分散到别人手里，但周围的人脉都烟消云散了。

或许，时过境迁，古代的一些道理在当今社会说不通了。不过，也有的人说，古代的财聚人散的意思，是把钱财抓在手里，不让周围的朋友花，朋友才离他而去。现代金融的钱是让公司用，所以公司都会聚集在金融业周围。这样的解释也不无道理。不过，细想一下，财聚人散或者财散人聚在当今社会，真的需要来一番正确的理解。首先，钱财绝对不可以死死抓在手里，必要时需要让周围的人脉朋友周转一下，这样可以让这些人脉聚集在自己周围，让自己的人脉圈兴旺。不过，万万不可将手里的钱财全部"散去"，那样的做法在当今社会是行不通的。你手里没有资金，你将要从头再来，回到原点继续打拼。那样的话，你原来的人脉圈肯定会烟消云散："等他事业有了起色再说吧。现在你和他交往对他来说也没有用啊!"

所以,"财聚人散,财散人聚"这句话在当今社会,你需要潜下心来认真琢磨,才会理解其中的含义,才会将其中的道理引用在自己的人脉发展上。如何利用好自己的资金,让这些资金更好地发挥作用,是每个人都需要考虑的问题。

社交中如何做到善交益友

"忽悠"这个词来源于东北,由赵本山的春晚小品进入了人们的视线。其意思莫过于小品《卖拐》上的应用,其中两个人硬是将一个好端端的人忽悠瘸了。观众在捧腹大笑的同时,也领会了忽悠的真正含义:把假的说成真的,把真的说成假的,释放虚假信息让人迷惑,让对方的思路跟着自己引领的方向走,最终达到自己的目的。

复杂的社会导致一小部分人整日想入非非,自己没有能力做生意,也不愿意依靠辛勤劳动去挣钱,就在忽悠人方面打主意,想方设法引诱别人上当受骗,自己从中得到好处。时间长了,这些人在这方面就会摸索出好多经验,成了"忽悠"方面的专业人士,让社会上的一些人防不胜防,屡屡上当受骗。

要时刻警惕被人忽悠,人脉圈也同样不要放松警惕。对于一些信息,一定要认真观察,仔细思考,预防被人忽悠。毕竟社会很复杂,自己不小心被人忽悠上当了,而此时人脉圈里的朋友都非常相信自己,也会跟着自己一起上当。这样一来,人脉圈里的朋友都会跟着你,你跟着虚假信息转圈，到头来一无所得不说，弄不好还要将本钱搭进去。你在生意上被人忽悠，没赚到钱还折本，而你人脉圈里的朋友因为跟着你也因此而折本，这就会引起连锁反应："哎，我们可是跟着他一起来的。他真被忽悠还是假被忽悠了，咱们弟兄们管不着，但是我们可是真的被他忽悠了。他需要赔偿我们损失。"这样一来，人脉圈发展不仅受到影响，说不定还会涉及钱财纠纷。

俗话说："人为财死，鸟为食亡。"人脉圈里的朋友跟着你什么也没捞着，结果还受了损失，他们就会将怨气发到你的身上。"你当初怎么判断的那我们不管。如今是我们跟着你亏了。家里的老婆孩子还等米下锅呢，你看着办？"这样的话语从人脉圈里的朋友口中说出来，让你听了就会脊梁骨发凉：都是自己的好人脉啊！如今因为自己被人忽悠，跟着虚假信息转圈，结果让自己的朋友跟自己说出这番话。这样，自己今后在朋友圈还怎么待？

因此，维护自己的人脉圈，经营管理自己的人脉关系网，必须时刻警惕社会上的一些骗子，谨防自己被忽悠。那样一来，不仅自己的时间、精力和财力都会受到损失，精神上还会遭受打击，随之而来的，就是自己的人脉圈也会因此而遭受重创。有时候人脉圈里的朋友没有跟着自己干，他们的财力没有受到损失，可也会在人脉圈四处传播。"怎么能上当受骗呢？就这样还怎么领着弟兄们干事业啊？"这样的话语，足足让你在朋友圈丧失威信，对你的身心打击肯定让你难以承受。

社交中说好话的重要性

孬话,其实就是不好听的话,让周围人听了感觉不舒服的话。相反,好话就是让周围人听了感觉身心愉悦的话。孬话和好话并没有一定的界限。同样的言辞,或许这部分人听起来就感觉很舒服,而另一部分人听起来就会感到浑身不自在,这与当时听者的心态和人文环境有直接关系。不过,一般情况下,好话和孬话很明显,好话说出口,不管什么人听了都身心愉快,而孬话说出口就会引来一片唾骂。

人人都愿意听好话,不愿意听孬话,自己人脉圈里的人也一样。好话说出口,人脉圈里的朋友听了都会更加团结,更加努力工作,更加为各自的事业去奔忙:"行啊哥哥,这几句话说的,让自己弟兄们听了心里真敞亮。这还有啥说的,今后弟兄们一个心思跟着哥哥干就行了!"然而,你不小心说了几句孬话,结果就会让人脉圈里的朋友听了寒心。这样一来,你的人脉朋友圈将会面临崩溃的危险。

因此,人人都希望能够在周围人面前说好话,避免说孬话得罪人或者得罪朋友。可是,人无完人,谁也不能保证一辈子不说孬话,或者说错话,毕竟,人的言辞受各方面的条件所制约。比如,文化水准,见识高低,了解人文环境的能力,观察能力等,这些都可以影响你的语言发挥。一般情况下,文化水平高的人都会说好话,说比较文明的话。可是,有时候文化水平越高,反而越容易得罪人,原因是这类高级知识分子不了解听者的人文环境，他们就会直来直去表达内心的想法，结果就会将好话变成了孬话。

中国传统文化里对于人的言辞有一句俗语："沉默是金"这句话的意思并不是在说，人一辈子不说话就非常金贵，而是告诉人们，话要少说，要细细观察周围人脉圈里人们的言行举止，最后通过朋友的言辞判断出这些人此时此刻的内心想法，最后说出让周围人都心服的几句话。这样的话有分量，有策略，因为是经过深思熟虑后说出的。这样的言辞，能够把孬话变成好话，但绝不会把好话说孬。相反，不管别人的想法，进门就直接表达自己的内心想法，那叫信口开河，会把好话说孬，一般情况下肯定会让部分人不舒服。

很多名人都说，说话是一门艺术，可见说话的重要性和深奥性。仔细琢磨周围人脉圈里人的心思，说出几句恰如其分的话来，要比请他们到饭店吃一顿还舒服，这就是说好话的艺术魅力。

社交中不求事事完美，只求心理平衡

从哲学的角度分析，要做到事事完美是一件绝对不可能的事情。首先，一件事做到什么样的程度才能被称为完美？这个问题比较复杂。日常生活工作中，领导们常说的一句话是：不求最好，但求更好。这句话很好地说出了做事的原则，只能做的更好一点，但不可以做到最好。

人生几乎都在做事，幼儿有幼儿的事，学生有学生的事，成年后要工作，有事业，还要结交经营自己的人脉圈，这都是事。人不可能把这些事都做到完美无缺的程度。

人的奋斗无止境，只要心理平衡就可以了。正如一些人平时说的那样："差不多就行了。有吃有喝，家庭顺心，朋友圈里的朋友都很好，你内心还有什么不平衡的？"因此，心理平衡才是生活的法则，而做事完美在生活中并不合适，充其量也就是做事比较完美。

人脉朋友圈里也一样，你不可能把所有的人脉关系都处理完美，也只能做到差不多就行了。人脉千差万别，而且随着你事业的兴旺发达，你的人脉圈也会随之扩充，人脉里边的朋友也会更加复杂。要想让你人脉圈的所有朋友都心满意足，这绝对是不可能做到的。或许有人感觉，我把朋友圈里的人脉都请到饭店吃喝，那样就不会有人说我不好了吧？其实，人的思想很复杂，即便是都吃你的，喝你的，同样也会有朋友背后说你不好："我堂堂的一个处级干部，怎么就让我坐在那个角落里？还有，跟我同桌吃饭的，竟然还有科员。那是一个级别吗？"

也有朋友这样说："这吃的叫什么饭？既然是朋友，大家就都是弟兄们，怎么这还分三六九等？怎么，他们级别高就应该去雅座里吃饭啊？这不是狗眼看人低吗？"

这样的话语在你的人脉圈里四处传播，你的酒饭绝对是花钱买满身的不是。因此，要想让人脉圈里的朋友都顺心是不可能的事。还是那句话，差不多就行了，这也是一个心理平衡问题。

哲学的道理一般很难推翻，因此我们只能在做事方面不追求事事完美，能做到心理平衡就应该知足。人脉圈也一样，大家都能顾大局，互敬互爱，尽管有些只是表面的，那也不错，这同样也是心理平衡问题。心理平衡，不仅是你做事做人的一条准则，也能够让你的身心因此而健康。

社交中帮助别人，要量力而行

给予别人帮助是一种快乐，能够让人在心理上感到愉悦，让人心里感到满足。不管是钱财方面，还是精神方面，能够在别人需要帮助的时候给予人帮助，事后在被帮助人感觉满足而酬谢的同时，本人也会感到心情舒畅愉悦。这是人之常情，也是给予人帮助的现实写照。不过，给予人帮助需要有一个前提，那就是自己当前相对于被帮助的人来说比较充裕。假如当前自顾不暇，泥菩萨过河——自身难保，这样的状态下别说去帮助别人，恐怕自己也处于急需帮助的行列里，怎么还能有充裕的人力物力去帮助别人？

"你算了吧！看你穿的用的，还不如我呢。就你那样还想帮助我？把你的钱收回去吧！我自己想想办法，不行的话我再找别人帮忙。"这样的话说出来，你听到肯定内心不痛快。没办法，人家自我感觉不差，所以才会拒绝你。

因此，要想给别人馒头吃，前提条件必须是保证自己不挨饿。"你自己还三条肠子空着两条半呢，你拿着馒头舍得让我吃？这可能吗？你不会有什么需要我帮忙的吧？要不就是我哪里得罪了你，你在我饿急眼的时候，给我一个下了毒药的馒头……"你听到这样的话，肯定气不打一处来。可是，自己静下心来想一想，那个现在需要帮助的人说话不无道理，你自己饿着，怎么会拿着馒头送给别人？这样的事肯定会让人充满无限的遐想空间。

雷锋做好事，那是在他有能力的情况下做好事。假如当时雷锋自己落在水沟里面爬不上来，他怎么会去帮助雨中的大嫂？慷慨解囊帮助人脉圈里的朋友的前提是"囊"里边有钱，自己的口袋比自己的脸都干净，你拿什么去捐资助教？人脉圈里的朋友也不会相信你。

经营管理人脉圈也是一样，必须在保证自己不挨饿的情况下，再拿出馒头来给圈内朋友吃，人脉圈里的朋友才会相信你，才会接纳你的帮助："真是太感谢了。哎，老是让哥哥帮助也不是回事。要不，你看你哪里有需要我帮忙的地方？或者说，给我找份活儿干，让我来养活我自己。放心吧哥哥，我肯定会努力干，报答哥哥对我的深情厚谊。"从此人的话语中可以感觉到，这位朋友对你非常信任，肯定还会拉他自己身边的朋友进入到你的人脉圈，跟着你干。假如自己还在挨饿，你想帮助圈内朋友，你也拿不出馒头。不过，也有人会这么做：自己嘴里吃着咸菜窝头，手里拿着馒头给朋友，这样的情况有时也会发生。可是，这么做的话，自己的家人会怎么想？说不定你的家庭矛盾就会出现。

给予人帮助的确是一件让人感觉愉悦的事，也是社会倡导的事，毕竟社会上有很多急需要帮助的人，但帮助人的前提你自己有那份能力。在朋友圈内，只要自己有能力，肯定会去帮助急需要帮助的朋友，这样一来，自己的人脉圈才会兴旺发达，那样的帮助才合情合理。

互相帮助成就完美社交

在人际交往方面会遇到这样的情况自己对某件事情一筹莫展的时候,人脉圈里的一位朋友出手相助,此举让你大为感动。后来,你时刻寻找机会回报一下这位朋友,可一直没有找到合适的机会。不得已,就想请这位朋友吃饭:"算了吧,弟兄们都这么忙。不就是给你帮了一次忙吗?弟兄们之间,这还不是应该的吗?你老是挂在心上,我反而不自在了。"这样的回答肯定会让你不好意思,你也只能说:"好好,那……以后吧,什么时候有机会了,弟兄们好好坐一坐。"

从上面描述的情况可以看出,某些人把"人情"当成了一种债务:"人家给我帮忙了,我必须邀请人家吃饭。假如人家因为忙赶不过来,那就需要今后找机会给人家也帮一次忙。"这样的把人情当作一种债务的观念,其实有些伤及朋友情分。我们构建人脉圈的目的是什么?除了发展自己的事业,另外还有一个目的,那就是朋友之间互相帮助。这样一来,各自的事业发展都能得到别人的帮助,大家各自的事业在朋友圈内都能得到长足发展。"不要紧,弟兄们互相帮忙还不是应该的?今天他给我帮忙,说不定明天我就帮助他。朋友嘛,图的就是互相帮助,要不还能叫朋友?"这样的话语绝对充满了浓浓的朋友之情,传到人脉圈里,朋友们都会称赞:"说得太对了。大家走到一起,图的就是互相帮助,这样对大家的事业都有好处。"你的人脉圈在这样的话语激励下肯定会越来越旺，越来越团结。

然而，假如把"人情"当作债务的做法在人脉圈里传播，朋友们都会倍感寒心。

人脉圈里的朋友都不把人情当作债务，那样的结果就能使朋友们越来越团结，人脉圈就会越来越兴旺，因为人人都有遇到困难的时候，都希望能有朋友帮忙。在这样的前提下，你的人脉圈就会越来越大，最终变成经济大潮中的一艘大船，肯定会乘风破浪，勇往直前。

社交中的运筹学与控制论

人脉关系网需要经营管理，需要不断在发展的基础上总结反思，以便让人脉圈健康发展，时刻充满活力。不过，随着人脉圈的不断扩充，人脉的不断增加，各种各样的人脉也会加入进来。这些人脉来自不同行业，文化水准也不尽相同，性格脾气更是千差万别。如何将人脉关系掌控好，是每一个构建者需要思考的问题。

人脉管理经营同样是一门学问，需要构建者处心积虑去研究。毕竟，人脉关系很复杂，人和人的性格都不相同，各自都在为各自的事业发展寻求机遇，纠纷是难免的。"他能这么做，凭什么我就不能这么做？谁给我讲出一个靠谱的道理来。没有道理，我也就这么做了。我看谁敢吭声？"这样的言辞，这样的口气，出现在人脉圈里，假如不能及时处理，肯定会影响人脉圈的稳定和发展。但是要注意，处理纠纷还必须要顾及朋友情分。

有时候，人脉圈的发展方向会出现偏差。假如你不能在第一时间将带来负面影响的人脉清理出去，你的人脉圈肯定会因此而遭受重创。

所有这一切，都需要构建者对自己的人脉圈科学管理，科学经营，时时刻刻掌控自己人脉圈的发展，因为人脉圈是你事业发展的强大动力。只有人脉圈兴旺发达，你才会有事业的辉煌。做到这些，你就需要科学地经营人脉关系网。

第一，时刻与人脉圈的朋友们保持联系，发现问题及时解决。假如人脉圈里出现需要淘汰的人脉，绝不手软，绝对不能让其损害整个人脉圈。

第二，自己要对人脉圈进行阶段性总结和反思。及时发现新的人脉并想办法吸取，让人脉圈时刻充满活力。

第三，构建者处理人脉圈里的纠纷，注意树立自己的威信，办事要让人脉圈里的朋友心服口服。只有这样，你才具备掌控自己人脉圈的能力，你的人脉才会相信你，他们才会积极配合你完成人脉圈里的事务。

这三条很重要，你若能够时刻把这三条记在心间并付诸于行动，你的人脉圈基本就可以健康发展了。不过，科学管理、经营人脉圈绝对不是几句话所能完成的，需要你勤奋努力，为之付出艰辛的劳动，你的人脉圈才可以兴旺，才可以成为你事业辉煌的有力保障。

Chapter 12

让社交圈富有活性

人脉关系的活性主要表现在如下三个方面：一是人际圈子里的人都保持着联络状态，不论时间间隔长短，总会有一定的联系和沟通；二是人际关系能够为自己带来正能量，假如某种关系常常给自己带来负面情绪，这样的人际关系不符合构建人际网络的初衷和原则；三是人际网络需要符合中庸之道，无论得与失还是进与出都应该尽可能保持总体平衡状态。

| 社交简史 |

社交中的共赢原则

　　构建人脉关系网是一个艰难的过程，构建成功之后更需要构建者付出艰辛的精力和劳动去经营和管理。人脉关系网同样是一个小社会，很复杂。各个人脉都怀揣着不同的目的，都在寻找机会为自己的事业寻找发展的机遇。这些人脉之所以能够和你结交，除了能够为你的事业发展有用处，你对他们的事业发展同样也有用处，这就是一个共赢的原则。从这样的角度分析，就可以判定，人脉属性无所谓好坏，只要这条人脉对自己的事业发展有利而对其他人脉没有伤害，就可以结交这条人脉。这才是发展人脉关系网的一条准则。在这样的准则下，你的人脉关系网才可以发展壮大，才可以成为你事业发展的有力保障。

　　人的属性很复杂，判断一个人属性的好坏是一个复杂而艰难的过程。比如，一个盗窃犯，他的属性从公众道德的水准来判定绝对属于坏人。但是，从哲学的角度来分析，盗窃犯的内心深处也有好的一面，他的一生中也做过某些好事。或者说，盗窃犯经过司法改造之后或许能改过自新，最后成就一番辉煌的事业；或者说，盗窃犯本身有过人之处，他胆子比较大，身手利索。总之，盗窃犯身上的某些"长处"已经成为了你的需求。从这些性质上分析，这名盗窃犯对自己的事业发展有帮助，你就可以在确保他不能伤及别人的情况下吸收这条人脉。或许，在你的精心培养下，他能改过自新："你能和我结交，说明你看得起我。放心，有用得着兄弟的地方尽管开口，兄弟一定为哥哥两肋插刀。"

和这样的人脉结交，还有一个重要的原则，就是人脉必须从此之后改过自新。我们的人脉关系网里可以有之前的盗窃犯，但是现在此人已经不是之前的那个"盗窃犯"了，他不会对其他人脉有所伤害。不然的话，你的人脉关系网就会受到损失。

社会上的每一个人都有优点和缺点，这是不争的事实。只有去开发其优点，让他的长处发光放热，他才会被人称作"好人"。相反，假如他的优势被长期遏制，他就会为了生存去做一些"不好"的事情，就会伤及别人。我们只有客观地分析所有的人脉，能够为自己的事业发展做事，最终他就会转变成对社会有用的人。

定期清理自己的社交圈

经营管理自己的人脉网络，犹如经营一个企业一样，同样需要有原则。对一些害群之马，该出手时就出手，必须让不利于关系网发展的人员"走人"。相反，如果发现对自己事业有帮助的优秀人脉，一定要想办法结交，拉到自己人脉圈里。这样，自己的人脉网络就会时常有进有出，保持新鲜的活力。

人的性质很复杂，也有变化。有些人脉之前很好，事业也蒸蒸日上，和周围的人脉关系也非常融洽，但是后来经营不善，事业亏空，于是此人就性格大变，对人生悲观失望，丧失了信心。必要时，必须从人脉关系网里"请出去"。

不过，也有些人脉之前并没有进入你的需求范围之内，此人或许当时事业没有起色，或者因为品行不好。可是，时代在发展，人也在变化。此人后来居上，事业蒸蒸日上，人品也变得高端起来。此时，此人已经成为了你的需求，已经进入你的人脉关系网，你就需要想办法结交一下。

管理经营人脉关系，里面同样有学问，需要有原则。人们常说，没有法制的社会是个混乱的社会。同样，没有原则的人脉关系网同样也会混乱发展，最后烟消云散，让一些优秀人才也离你而去。"没办法！你不看看他周围都是一些什么人啊？连偷鸡摸狗、好吃懒做的人他都结交，这样混下去能有好啊？还是离他远一点吧！"这样的言辞在人脉圈里传播，你的人脉关系网必定要走向衰败。

因此，经营自己的人脉网络，首先要在心中制定严格的原则。犹如网络上的QQ群一样，你就是群主。对群里一些滥发广告、时常说些污言秽语的人必须要清除出去。相反，对一些对大家的事业有帮助的人才要想办法拉进来："瞧瞧人家这个群，里边竟然还有好多名人。太好了——"只有这样，你的群才会有发展，你的人脉关系网也会兴旺，事业才会腾飞。

社交圈要隔绝自私自利的人

社会上有一种人，自私自利之心特别严重，遇事只考虑到自己，心里根本不会替别人想一想。这类人，为了自己的利益根本不顾大局，也不怕给别人添麻烦，脸皮不是一般的厚。在这类人的视线里，别人的事都是小事、破事，唯独自己的事才是大事；别人都是瞎忙，只有自己才是真忙。

这就是自私自利，内心根本没有别人的表现。此类人要是进入到你的人脉圈，肯定光给你或者朋友添麻烦，根本不会给你或者朋友的事业"增砖添瓦"。因此，从这样的角度考虑，也是从大家的利益出发，必须将这种自私自利的人"踢"出去。

大家都进入到人脉圈，其实都有私心，都是为了各自的事业利益才加入到你的人脉圈里。大家为了自己的利益，必要时牺牲一点精力去为朋友奔忙，大家都会看在眼里记在心上。等人家有了困难的时候，大家同样也会伸手相助。这就叫作共赢——顾大局。自私自利之心特别严重的人不是这样想，他们心里只有自己的小利益，内心只有自己家的小算盘。当别人有困难的时候，这类人就躲的远远的，想尽办法避免去帮忙："哎，没办法，我正好非常忙。要是其他时间的话，我肯定会过去的。哎，真的没办法。"如此，几次三番在别人事后说出这样的话，真的让人寒心。可是，每当这类人有了事，都会大张旗鼓、摇旗呐喊让别人去帮忙，好像不给他帮忙就要天打雷劈似的。这种人留在人脉圈里，只能处处招人烦。如果不能及时"踢"出去，人脉圈肯定会遭受损失。

人人都有事业，将心比心，大家都为了各自的事业走到一起，互相帮助，最终让各自的事业都得到发展。一旦人脉圈里出现自私自利之心的人，你必须及时想办法将他剔除。这样，你的人脉圈才会有秩序，才会有法则，尽管没有写出来张贴出去，但大家内心都清楚：为了大家的共同利益，大家都要顾大局，互相帮助，这才能让人脉圈变成在经济大潮中永远不沉的航船，大家都可以在这条航船上得到自己应该得到的利益。

因此，要想自己的人脉圈充满活力，健康发展，对那些自私自利之心严重，只会给别人添麻烦的人必须采取"零容忍"措施，及时将这类人清除出去。

| 社交简史 |

社交圈要摒除让你长期郁闷的人

坐在沙发上想想，感觉自己在这段时间经常感到郁闷。认真分析一下，你脑子里很快就会出现某几个人。他们或许是因为和你的性格不合，或许是因为之前曾经在某件事情替你出过力而对你纠缠不休，或许是你在某时段不小心结交的一些街头"小混混"……总之，这些人似乎时时刻刻都来纠缠你，让你郁闷。这种人坐到餐桌上还非常黏人，不依不饶，喝得脸红脖子粗、东倒西歪依然不肯善罢甘休："不行不行不行，这才到哪儿啊？远着呢！要不这样，你要实在忙不开的话，就放这里三千块钱走人。弟兄们好不容易凑到一块，这还不喝个痛快啊。"

这种人隔三差五来纠缠你，你肯定感到郁闷，因为有事业心的人根本不会在酒桌上纠缠。之所以到餐桌上吃饭喝酒，都是有一定的目的，或者是因为商业利益，或者是因为求人办事……绝不会因为喝酒而喝酒，更不会在酒桌上纠缠不清，没完没了。遇到这种纠缠不清还对自己事业没有多大帮助的人，你肯定会感到郁闷。

这类人一般都事业心不强，随波逐流，过一天是一天。人脉关系网里出现这种情况，只能说你在选择人脉目标方面没有看准。因此，你需要远离他们。"不巧啊，我现在不在市区。不好意思啊，后边有空再说吧。哥哥我现在的确很忙。"如此三番，几次下来，那些闲着没事干的人就不会来纠缠你了。

不过,有时候有些事业心很强的人同样让你感到很郁闷。这些人或许是因为之前给你帮过忙,于是时常感觉在你面前有一种高高在上的感觉。其实,你过他的"桥"都好几年了,那桥即便现在不拆也早烂了。的确,中国的传统文化里面有"滴水之恩当涌泉相报"的说法,意思是说,受人一点恩惠,就该永远记住并报答人家。可是,中国传统文化里也有这样一句话:施恩图报非君子。意思是说,给人家点恩惠,就时刻想办法让人家报答,这样的人不是君子,是小人。因此,从这样的角度出发,你就应该远离他们。

时常让你感到郁闷的人必须远离,只有这样你的心情才能好转。良好的心情会带来好运,会让你的事业蒸蒸日上。时常生活在郁闷的空气中,你会感到压抑,随之而来就是忧郁,神经衰弱,对身体非常不好。因此,为了自己身心健康,你需要远离让你感到郁闷的人。

有事业心的人都是身心健康的人,身心健康的人需要远离让自己感到郁闷的人。为了你的事业,也为了你的家庭,更为了你有一份良好的心情,远离让你感到郁闷的人吧!

社交中要警惕搬弄事非的人

中国有一句古语："闲谈莫论他人非"。意思是说，闲着没事说话的时候，不要老是讲别人的坏话，这样不好。首先，这种话传到别人耳朵里会引发矛盾，再者说，不停地说别人的不好，你是不是在抬高自己？

细心观察自己周围的人，或者想一想自己人脉圈里的人，这种人说不定还真的存在。这种人每次坐到你办公室或者一起坐在餐桌上，只要发现没有其他人，就开始说别人的不好："老弟，不是我说老刘这人不好啊，你听听就知道此人什么人品了。不说别的，咱就说上次在郊区，他办的那叫什么事啊？……"你听到这些话之后经过考证，根本不像此人说的那样，老刘并没有那样做事。此刻，你就需要注意了，此人在挑拨离间。

对自己周围的人要有所判断，当发现这种喜欢在你面前说别人坏话，挑拨离间的人，首先你要清楚，不要相信他说的"鬼话"。他之所以这么说肯定有其目的，他的目的就是让你远离某人，跟自己走的近一些，达到自己的某些目的。可实际情况究竟怎么样呢？这就需要你来分析判断了。一般情况下，挑拨离间的人人品都不好，而被他们说不好的人往往人品都不错。所以，对待这种喜欢挑拨离间的人，你应该少跟这样的人接触，适时远离比较好。不然的话，"三人成虎"的现象就会重演，你的判断会因此而出现偏差。

仔细回忆一下你就会发现，喜欢在你面前说别人坏话的人还有个习惯，他们在说别人坏话的同时，总是说自己好话："他老刘能办对不住人的事，咱不能跟老刘一个样子。看看我，上次跟着小王下乡收购白菜，我就愣是自己从兜里拿钱让小王吃的饭，并且连个收据都没开。报什么呀报？公司好了咱们才能日子好过，公司垮了咱们都得要饭去……"可经过你细心打听，实际情况并非如此，那次在乡下吃饭是小王拿的钱。由此你可以判断，这种人在你面前说别人坏话、说自己好话，目的就是想迷乱你的判断力，最终让他自己得到好处。

"闲谈莫论他人非"的前边还有一句话："静思常思自己过"。这类人不会时常到你面前搬弄是非，相反，他们时常静静地做自己分内的工作，踏踏实实，任劳任怨。这就是人品修养的两个极端。时常在你面前说别人坏话的人就是在挑拨离间，遇到功劳就玩命向前抢，遇到事故就远远躲开。而"静思常思自己过"的人做事踏实，和周围的人团结很好，遇到事能够勇敢承担责任。

因此，要想让自己的人脉圈兴旺发达，你就需要远离时常在你面前说别人坏话的人。相反，对于那些踏实工作、勇于承担责任的人，你要多接近他们，因为他们才是你事业发展的最好动力。

社交圈要远离只知索取的人

人脉圈里有时候会出现这样一类人：时常让你去帮忙，但从来都不说"酬谢"的事，并且让你帮忙的时候还理直气壮。而当你有事找到他们的时候，这些人总是寻找各种理由躲开："我正忙着呢，怎么过去啊？再说，我也办不了啊。你让我跑过去干啥？我又能干啥？"总之一句话，时常让你义务帮忙，却对你没有丝毫的酬谢。

有事业心的人应该远离这种人，因为他们只想让你义务为他们的事业做贡献，根本不想为你的事业服务。别忘了，你发展人脉关系网的初衷就是为了自己的事业发展。假如有些人脉和你结交就是为了让你义务给他们提供服务，那你还有结交他们的必要吗？因此，当你发现这类人的习惯时，你需要选择适当的时机远离他们，与他们保持距离："我正忙着呢！不好意思啊，过不去！你找别人吧！"果断地拒绝他们，他们就会感觉到你的性格威力。不然，这种人指不定怎么说你呢。"他，没事，有事只管招呼他就是了。这人，就知道为别人义务做奉献，从来不知道关心自己。没办法，不知道吃草、光知道干活的牛，尽管用吧！"这样的评论，且不说外人怎么看，从此人嘴里说出来就格外气人。

其实，给朋友帮忙很应该，有时候义务帮忙也是分内之事。但是，别忘了，人的精力是有限的，人的时间更是有限的，一天就24个小时。你的时间和精力时常无休止地用于为别人无偿贡献，自己的事业肯定没有时间和精力去经营。这样一来，你的事业不但不能发展壮大，还会荒废。

人人都有私心，为别人服务的目的是为了得到报酬，要不就是为了人情。什么也得不到的事不能去干。不然，自己的日子都没法过。

因此，从自己的事业和家庭以及身心各方面分析，你必须与那些时常让你义务帮忙的人保持距离。

社交圈的构建标准

在经营和管理人脉关系方面,都需要有标准。什么样的人可以交往?什么样的人不可以结交?什么样的人不仅不能交往还要保持距离?什么样的人不仅要跟他保持距离,而且还要远离?这些问题,都是构建人脉关系网者需要思考的问题。因此,在人脉交际方面需要有标准,需要有原则。不然的话,你的人脉关系网就会成为"乌合之众",不仅很难为你的事业发展出力,弄不好还会给你帮倒忙。

在人际交往的标准原则方面,人最容易犯的错误就以喜欢或者不喜欢作为人际交往的准则,这是一个严重的错误。毕竟,物以类聚人以群分,性格脾气相近的人的确很容易走到一起。自己不喜欢某人,自然就不愿意跟他交往,因为感觉跟他坐在一起就浑身不自在。不过,别忘了你构建人脉关系网的初衷。你的人际关系交往一定要为你的事业发展服务,而你喜欢的人脉并不一定能做到这一点。相反,在你不喜欢的人脉里边,往往有对你的事业发展具有巨大帮助的人。这样一来,这个问题就摆在你面前。假如你从自己的喜好出发,那样构建的人脉关系网肯定会让你感到舒心,可那样的人脉关系网并不能对你的事业有帮助。如果从自己事业发展的大局出发,那肯定会结交一些自己内心并不喜欢的人脉。尽管这些人脉让自己从内心感到厌烦,可他们对自己的事业发展能起到至关重要的作用。

这个问题看起来似乎比较复杂,其实很简单。构建人脉关系网,最主要的要看构建者本人的事业心如何。假如构建者事业心不强，那可能就会在人际交往方面随心所欲，喜欢什么样的人就交往什么样的人。"人生只要是为了舒心，干嘛为了事业要结交他们呢？只要心里舒服，事业不事业的无所谓啦！"从这句话能够看出，此人的人生观不在事业上，因为他认为：人生主要是为了快乐！此类人往往不会有大成就，人生就图轻松快乐。

事业心比较强的人观点不一样。他们在人脉关系交往方面都是以对自己的事业发展有帮助为原则来确定是否交往，跟自己喜欢不喜欢没有关系。假如此人对自己的事业非常有帮助，即便自己从内心深处非常讨厌此人，但也能将内心的不悦压制住，依然和此人交往，并且还能让二人的关系非常亲密。"为了事业的发展，个人做出点牺牲算什么呢？"从这句话可以看出，此类人脉构建者往往能够成就大事，因为他们选择的人脉都是为了事业发展，并不是为了自己的喜好。

因此，假如你想让自己的事业兴旺发达，那你在经营人脉方面切记不要以自己的喜好作为准则。毕竟，自己的人生事业更重要。

正视人性的多样与复杂

日常生活中，人们说到某人时常这么说："此人很复杂，他结交的人脉三教九流都有。跟他打交道，还是小心一点。"从这句话可以看出，周围人对此人的评价有一种望而生畏的感觉，感觉此人深不可测。相反，假如人们对此人这样评价："他？他不要紧，结交的都是诚实可靠的人。尽管放心吧，此人决对不会生出事端。"从这样的评价可以看出，此人的人脉圈里的人几乎都比较诚实可靠，比较单纯。和这样的人交往，完全可以放心。

从上面的两个评价可以看出人的喜好，也可以让人思考：究竟是让人放心比较好呢？还是给人一种深不可测的感觉比较好呢？关于这件事情的判断，我们来看一个故事，从这个故事可以了解市面上的情况：

几位老师到一家饭店吃饭，最后算账的时候。没想到的是，这个饭店老板是个势利眼，竟然将菜钱加上了座位钱："怎么？想赖账？我的座位就是三十元一位，酒菜另算。你们要不拿钱，要不我看你们敢走出饭店大门。"几个老师都比较诚实可靠，可也感觉这样太欺负人了："老板，我们怎么没有看到你跟其他人要座位钱呢？"老板脖子一拧："我乐意，你管不着。我的饭店，我说了算。我想给哪个顾客要就要。"面对这样的无礼要求，本身又担心老板耍赖耍横，几个老师只好认栽。想不到，刚出饭店门口，其中一个老师遇到了当地一个朋友。这个老师气不过，就把方才被饭店"宰"的过程说了一遍。那位朋友一听马上勃然大怒，拉着那个老师就返了回去："把方才几个老师的座位钱老老实实退回去。你要敢说个不字，老子十分钟之内把你的饭店砸了你信不信？"结果，饭店老板老老实实把座位钱都退给了老师。

从上面的例子看出，有时候，诚实可靠并不是什么优点。当然，和人交往需要讲信用，但信用和诚实绝对不是一个概念。我们构建人脉关系网，当然愿意结交诚实可靠的人，但必要时也需要让自己的人脉圈充满多样性和复杂性。正如上面例子中的那几个老师一样，正是人脉圈里的那个朋友帮他们几个老师出了那口恶气。假如几个老师光给人家要"嘴皮子"，结果可想而知。

中国有句俗语："没有用不到的朋友"。这句话非常清楚地说明自己人脉圈需要多样性和复杂性的重要。的确，社会很复杂，人生指不定会遇到什么样的难事，朋友还是多样、复杂一点比较好。毕竟，漫漫人生路就像《西游记》里唐僧取经去西天一样，路途上指不定会遇到什么妖魔鬼怪呢。到时候，肯定要各种各样的朋友帮忙。

利益是社交圈长远发展的黏合剂

"只有永恒的利益"的原话是：没有永远的朋友，只有永恒的利益。这句话是19世纪英国首相帕麦斯顿的一句话，后来成为了英国外交的立国之本。这句话最明显的应用在"二战"后期。当时，德国法西斯战败投降后，英国首相丘吉尔致电斯大林，表示希望能在战胜德国之后，让英国和苏联"共同走在胜利和平的阳光大道上"。意思就是说，英国和苏联成为了朋友。但后来随着形势的发展，丘吉尔很快发现，苏联的势力不断扩张，在欧洲，在亚洲……似乎到处都能找到苏维埃共产党的影子。于是，在后来的美国密苏里州的富尔敦市，丘吉尔发表了针对苏联的演说，其内容无不对苏联的势力扩张感到忧虑。言外之意就是，和苏联不再成为朋友。为了西方的利益，丘吉尔号召西方国家联合起来遏制苏联。从此世界进入"冷战时期"。

这句话似乎特别有道理。时代在发展，人类在进步，之前结交的人脉也会发生变化。为了各自的利益，人们都在选择，不断有新的人脉进入到自己的视线内，这些人脉相比之前的人脉，对自己的事业发展更有好处。相反，之前的人脉经过时代的洗礼，不仅对自己事业毫无用途，甚至在某方面还成了自己事业发展的绊脚石。这种情况下，构建者对人脉圈实施"手术"，对一些无关紧要的人脉采取渐渐远离的策略也不无道理。

"只有永久的利益"这句话，在国家之间实行绝对有其正确性，但在人脉关系方面要适度。或者说，"只有永久的利益"这句话需要正确来理解。不然，大家朋友一场，结交这么多年，感觉对自己事业发展没有用途就"一脚踢开"，似乎有些不近人情。毕竟，人和国家是有区别的。国家之间为了各自的利益可以"没有永远的朋友，只有永久的利益"。社会上的人与人之间不可以这么做。

"只有永久的利益"这句话在人和人交往方面可以这样理解：为了各自的利益实现"共赢"，大家走到一起很正常；可是，时过境迁，随着时代的发展，大家在一起对各自事业的发展已经无法实现"共赢"，那只能各自寻找各自需求的人脉。不过，之前的友情依然存在，大家依然还是好朋友。

构建社交圈需要顾全大局

有个成语叫"鱼死网破"，出自京剧《杜鹃山》。原意是说，鱼死了，网也就破了。言外之意就是准备和对手玩命，你不让我活了，那你也必须死。不过，在实际生活中，这种现象似乎并不存在，鱼死的多了，也没有看到谁家的网被鱼撞破。

这个成语在人脉圈里应用的话，不妨这样理解："鱼"可以死，但是"网"绝对不可以破。这其中的"鱼"指的是某些人脉，这"死"也并非一定是死，或许是因为某种原因需要"舍弃"这条人脉。总之一句话，必要的情况下，某些人脉可以舍弃，但人脉关系网必须要保存。中国象棋中有"丢车保帅"的策略，正好与"鱼"可以死、"网"不能破的方向是一致的，都显露出构建者的大局观念。

构建者经营管理一个人脉关系网，为自己的事业发展服务，勤奋努力，期间肯定也要几经波折。有时候为了某些重要的人脉，构建者要处心积虑，精心谋划。可以说，将人脉关系网做大做强，最终成为自己事业发展的有利后盾，中间洒满了构建者的心血。此时，因为某些事件，需要舍弃某些人脉，构建者尽管内心非常心痛，但没有别的办法。为了顾全大局，只能果断做出决定，忍痛割爱将某些人脉丢弃，这样可以将人脉关系网大局保留住，可以继续为自己的事业服务。假如构建者优柔寡断，举棋不定，最后可能会因为那些人脉伤及大局，将苦心经营的人脉关系网全部葬送。因此，"丢车保帅"，绝对属于顾大局、有战略眼光的正确做法。

这类事件在历史上有很多。比如中国共产党的长征就属于此类事件。当时国民党百万大军兵临江西革命根据地，形势非常危急。为了顾全大局，中共中央果断采取措施，实施了战略转移。最终，中共中央成功完成了历史上著名的两万五千里长征，最终到达延安，取得了革命的胜利。如果当时在江西的中共中央优柔寡断，舍不得创建了几年的江西革命根据地，那最后的结局可想而知。国民党的百万大军已经对革命根据地形成了包围之势，接下来势必会将革命彻底扼杀。因此，中共中央的战略转移，留下革命根据地的决策是英明果断的、有战略眼光的，正是在这样的正确指挥下，中国革命最终取得了成功。

构建人脉关系网是一个艰难的过程，需要构建者付出艰辛的劳动。当某次事件发生危及到自己的人脉关系网时，构建者就需要果断采取措施，必要时就要丢弃一些人脉，这样可以保留住人脉关系网的大局，再经过经营管理，让人脉关系网重新焕发生机，继续为自己的事业服务。

因此，在必要的时候，"鱼"是可以死的，但是，"网"绝对不可以随随便便被破坏，因为这个网是你事业发展的真正动力。有了这个网，你才可以有朝一日兴旺发达。

Chapter ❶❸

维持社交圈的稳定

构建人际网络过程中动与静的关系十分重要,可以说动与静是人脉哲学。从圈子的稳定性角度讲,人际圈子需要保持相对稳定,尤其是核心圈子更要保持稳定。从构建人际圈子的行动力角度来讲,需要把握时机和限度,不可操之过急,也不可随波逐流,尽可能做到恰到好处。从人际交往心理学角度来讲,需要顺应人们对于人际交往的惯常心理,使别人能够感受到愉悦感,把握好交往的力道,不可过强也不可太弱。尤其对于那些自己十分迫切想要结识的人,既要主动出击,也要把握好火候,有时也需要守株待兔。

社交圈吸收陌生人的方法

经营自己的人脉关系网，有时候会遇到这样的事：某个人脉进入了自己的视线，此人对自己的事业非常有帮助，但此人和自己未有一面之交，或者说，此人就是一个陌生人。下一步，如何让这位陌生人进入自己的人脉圈，如何让此人能够为自己的事业出力，成为人脉圈构建者需要考虑的问题。毕竟，自己处心积虑构建人脉圈，就是想让自己的事业兴旺发达。眼下遇到了对自己事业发展如此重要的人脉，尽管是陌生人，但也要想尽办法拉进自己的人脉圈。

将陌生人拉进自己的人脉圈，无非有以下几个办法。

第一，你不认识他，但你完全可以找到你和他都认识的"中间朋友"，你完全可以通过这位中间朋友的引荐认识此人。"哎呀，早就想结交一下你啊，一直没有机会。这次有刘大哥的引荐，真是不胜荣幸啊。怎么样？今天就给兄弟我一个面子，这顿饭我来请。"这样一来，此人逐渐就能进入到你的人脉圈。

第二，尽管他对你来说是个陌生人，但你完全可以通过"侦查"的方式摸清这位陌生人的喜好。比如说，你打听到此人喜欢到某处去钓鱼，你自己不喜欢钓鱼，但你可以临时培养一下自己的爱好，然后用心钓这条陌生"大鱼"。这样，你就和心目中的陌生人接近了。接下来，你可以通过优质鱼饵，或者过去帮忙抓鱼的办法和此人慢慢熟悉。"心有灵犀一点通"。尽管是陌生人，此人在几次接触之后很快就会明白你的意思。此时，你就可以主动出击："大哥，给兄弟一个面子，今晚吃顿饭怎么样？我非常仰慕哥哥的才华，愿意和哥哥交个朋友。"

第三，当你了解到这位陌生人的喜好之后，你可以投其所好，在合适的时间和地点向对方展示一下，以此博得对方的另眼相看。比如，这位陌生人喜欢古玩，你就可以找某位行家搜寻古玩，然后瞅机会向"目标"展示："咦——你怎么能有这么好的物件？真让我刮目相看啊。来吧，既然咱们弟兄这么有缘，那就认识一下吧。"这样一来，你的人脉目标——陌生人就会主动向你示好了，主动进入到你的人脉圈。

其实，结交陌生人的方法多种多样，以上只是主要的三种办法。不管怎么样，只要你内心想结交这位进入视线的陌生人，那就肯定能够达到目的。有志者事竟成。尽管陌生，但通过你一系列不间断的努力之后，肯定能够将很多进入视线的陌生人变成朋友，最终让他们成为你人脉圈里的人，互相为各自的事业兴旺去努力奋斗和奔波。

社交圈中可以有分歧，但不要伤情分

管理和经营人脉关系网，有时候朋友之间也难免闹矛盾或者闹分歧。朋友们为了某件事情，或者对于某些事的看法不同，最终起了争执或者要分道扬镳。遇到这种情况，应该努力做到不要伤及各位朋友的情分，以此避免让人脉圈受到损失。做到这一点，需要构建者精心研究和解释，即便在钱财方面受到一些损失，但保住朋友们的情分才是最重要的。

比如，朋友们采用集资股份制的方式做一单生意，但后来因为某个朋友喝酒误事得罪人，最终让生意赔了钱。其他朋友对这件事不依不饶，要求这个朋友赔偿。这位朋友尽管是因为自己的原因让生意折本了，可拒不承认自己的错误，还百般狡辩，决不赔偿大伙。这样一来，构建者的人脉圈面临的不仅是矛盾重重，更面临巨大的分歧。"不行！自己犯了错不承认不说，还不赔偿我们的经济损失，这样的朋友叫朋友吗？结交这样的朋友不就是倒霉吗？你告诉他，他要这样，绝交！下一步法院见！"纷争已经出现，假如不能及时处理，朋友们不仅要分道扬镳，更会到法庭上去分庭抗礼。如此一来，你的人脉圈的经营和管理就会面临困难。

矛盾已经出现，分歧已经存在，此刻构建者一定要保证朋友们不要闹到法庭上，因为那样会伤及朋友情分。"弟兄们，不用上法庭，大家可以把我当成法官，我来给大伙一个公道。"得到大家的信任后，你就需要去找那个喝酒误事的朋友："大家朋友一场，你忍心让大伙把你告到法庭上吗？再说，这单生意闹成这样，你自己静下心来想一想，难道不是因为你喝酒误事造成的？是爷们，你就给我勇敢站出来承认。现在没钱不要紧，我给他们说，你将来什么时候有了钱什么时候偿还。不过，你一定要给大伙道歉。"

晓之以情动之以理，从内心开导纷争的根由，最后，避免将矛盾升级闹到法庭上去，保住了朋友们的情分。"弟兄们，我承认这次生意亏本是我的错。我对不住大家。不过请弟兄们给我个机会，相信我一次。这样吧，大家给我一个期限，我有能力了一定偿还弟兄们的损失。"话说到这个份上，朋友们的情分就算保住了，而接下来，大家肯定还会团结一致，卷土重来，继续在事业发展的道路上前进。然而，假如构建者没有及时处理矛盾和分歧，或者处理不到位，最终闹到了法庭上。这样，朋友们的情分就伤了，大家肯定不会再到一个餐桌上吃饭了，人脉关系网会遭受损失，因此元气大伤。

因此，遇到人脉圈里出现分歧和矛盾，一定要首先保证朋友的情分不受伤害。那样，大家就会有团结的机会，你就保住了人脉关系网，你的事业就有了保障，也会有发展的可能。

冷静对待社交圈中的争执

常言说，人多事多，随着人脉关系网的发展壮大，你的事业也会蒸蒸日上。可是，如此一来，你的人脉网里的人就多了，事也就多了，是非纷争自然也就多了起来。若想让你苦心经营的人脉圈一直兴旺下去，你就需要在朋友间出现是非纷争头脑发热时保持自己冷静，不要被眼前的是非观念所蒙蔽，仔细分析纷争的根由，找到合适的解决办法，在不伤及朋友情分的前提下平息人脉间的是非纷争，让你的人脉圈时刻保持团结。

你的人脉之所以进入到你的人脉关系网，除了你感觉他对你的事业发展有帮助之外，他绝对感觉你对他的事业同样也有帮助。这样一来，所有的人脉其实都怀揣着各自的"目的"集中在了一个人脉关系网里。这些人脉为了各自的事业，发生纷争属于在所难免的事。

朋友间为了一点小事争吵，头脑发热，互不相让。如果没有人及时调节，朋友之间肯定会矛盾升级，甚至大打出手，最后肯定会伤和气。因此，遇到这种情况，构建者万万不可头脑发热，不问青红皂白搅和其中，跟随一方跟另一方争执。那样会伤及朋友间的情分。此刻，构建者应该保持冷静的头脑，仔细分析双方争执的真正原因，找到争执的根由，最终在不伤及情分的基础上，劝解双方善罢甘休："你们俩这是图啥啊？那件事他那么做跟你有关系吗？再说了那么做也不犯法吧？你们为这个争执得脸红脖子粗……吃多了还是喝多了？这不是闲着没事找事啊？走走走，我那边有点事正好需要你们俩帮忙，省得你们没事找气受。"这样，及时让矛盾双方一起去给自己帮忙，再在过程中调节。随着二人忙里忙外，期间还不断相互配合，最后大家继续坐在一起吃饭，所有的矛盾就会烟消云散。

遇到朋友圈里起争执，最为重要的就是你的头脑要清醒，否则你再前去搅局，那将会更加混乱，最终朋友关系出现裂痕，让人脉关系网受到损害。要想做到遇事冷静不慌乱，构建者需要有全局的观念，需要有包容的心态，更需要有"长者风范"。具备这样的心态，达到这样的境界，不管遇到再大的纷争，你依然可以做到头脑冷静，不慌不忙，用你的沉静压制纷争的双方，最终让他们也跟你一样冷静下来，不去做一些头脑发热的事情。

社交中可以被动，不能被控

人际交往中有时候会出现这样一种情况：自己被某条人脉"控制"了，或者说，被人家"套牢"了。之所以出现这种情况，背后肯定有深层次的原因，或者是因为债务纠纷，对方掌握了主动权，自己明显处于被动地位，只能听从人家指挥："完了！人家是咱们产品最大的销售商。他们的销售量是咱们生产量的80%以上。这样发展下去，咱们就只能指望人家替我们销货了，只能到人家面前讨饭吃了。"

这样的话绝对不是危言耸听，因为人家控制了你们厂的销售权。这样一来，人家就可以对你指东道西："哎，这样的产品可不行啊！这让我怎么卖啊？你们怎么生产的？怎么还是原来的那套设备。我告诉你，你必须马上换我姑父家生产的设备，要不然，我就要另换进货渠道。"这样的话说出口，你心里能不冒寒气？假如他调换进货渠道，你的产品马上就会出现大批积压，资金周转不畅，说不定就会让你的工厂倒闭。如此一来，你只能按照人家说的办：改换设备，使用人家姑父生产的设备。尽管价格不合理，可你也得闭着眼睛"任人宰割"。

随着事情的发展，对方对你的控制还会不断加深："你们的产品在我这里不断让顾客找毛病可不是回事儿啊！那样对我的影响也不好啊！怎么样？实在不行的话，我有个外甥是个大学生，学的就是这个专业。这样吧，让他去给你们厂做副厂长，专门检查产品的质量。怎么样？"

刚刚过去几天，对方的"事"又来了："哎，我一个兄弟的公司在资金周转方面遇到点小问题，这个月的销售额我需要借用一下啊。不好意思，没办法，下个月补齐。"

这样的口气，商量中渗透着威胁，你敢不听吗？人家已经成为了你的上线，人家可以掌控你的事业发展，控制你的资金周转……如此种种，自己事业发展的所有都被对方牢牢控制，一时间很难从中挣脱。出现这种情况，你极有可以成为别人的玩偶。别忘了，随着时代的发展，人性也会蜕变。只要你的事业发展脚步掌控在人家手中，你的所有都将受人摆布，或者说，你已经成为了别人的玩偶："哎哎，我的一位朋友到你附近办什么业务。现在我手头有些忙，脱不开身。这样吧，你替我招待一下。"

你的事业发展持续出现这样的情况，那就太被动了。你必须认真挖掘人脉圈里的人才，马上想办法开辟新的产品销售渠道，尽快挣脱"魔掌"。不然的话，你的事业很难得到发展，因为你的事业发展对此人不利，会挣脱他的控制，他肯定会想尽办法加紧对你的控制，而你必须要有足够的能力挣脱才行。

人际关系很重要，的确是事业发展的强大后盾。但是，人际关系很复杂，你要处处小心，以免被别人控制。那样的话，你不仅会变成别人的玩偶，你的事业也将会变成泡影。

社交中用事实说话，用实力说话

社会上很早就流行这样一句话：事实胜于雄辩。意思是说，雄辩即便是再厉害，但事实已经摆在面前，再说什么都是废话。这句话形象地说明了事实的重要性，从一个侧面说明了"说空话"的无力。

在我们生活中这样的例子很多。即便是在我们身边的人脉圈里，这样的例子也是屡见不鲜。有些人遇到事就喜欢跟别人争辩，吵翻天也要吵："我们组怎么就干不好了？啊？你们从哪个角度来判断说我们组的工作干的不好？这事说不清就没完。在这里说不明白，我找上级部门讨一个公道。"就这样，在本单位吵还不算，还要闹到上级有关部门去。影响不好，也拖延了工作，让周围的人都感到不好。这样的做法到了人脉圈里，肯定要影响人脉圈的发展，因为没人愿意跟这种人打交道。

然而，也有一些人脉，干工作从来都是踏踏实实，默默无闻。当有人指出自己工作中的问题时，从来都不争辩，而是默默地去改正，然后继续让同事或者朋友审查，直到合格才默默走开。有时候同事或者朋友看走了眼，明明是自己干的很好，可依然被评为不合格。即便如此，这种人也不分辨，依然默默地等待，等待朋友或者同事"眼睛明亮"时刻的到来："哎呀，真是不好意思啊。方才……方才我看错了。你怎么也不说明一下啊？对不起啊！"这种人不分辨，是在用事实证明了自己的成绩。周围人都喜欢跟这种人交往，因为大家都是干工作的。只有干出实绩才是自己的招牌，才有人愿意跟自己交往。这样的人脉人人欢迎，因为他是以业绩来证明自己。

的确，事实胜于雄辩。事业心强的人构建人脉圈，都喜欢采用那些干工作踏踏实实、从来不为一些小事和别人争辩的人脉。不然，事业无法发展。人脉圈的人整日在争吵中开始，在争吵中结束。这样一天天过去，人脉的业绩在哪里？即便是人脉说得再好听，再会争辩，没有业绩都是白费，毕竟，事业发展需要业绩。假如人脉圈的人员一天到晚都忙忙碌碌，大家都在踏踏实实工作，从来不会为一些小事争吵不休。到时候，优秀的业绩摆在面前，事业的发展取得了实效，还用得着跟谁去争辩吗？再说那样的争辩还有意思吗？业绩有了，事业发展了，什么都有了。

因此，干出业绩来比什么都好，也用不着和别人去争论，人脉圈里的人都看得分明。相反，没有一点业绩，你和别人争辩有什么用？没人愿意听你说空话。

社交中要时刻保持冷静

古代有的官府会在自家府上挂一块匾，上写两个字：制怒。这两个字的意思是说，要想办法压制自己的怒火。只要保持冷静，有些问题肯定能搞清楚。相反，遇到事就头脑发热，火冒三丈，看谁都不顺眼："做的这叫什么事啊？这样的人，马上拿下，我一天也不想跟这种人打交道。快，马上叫他滚蛋！"可实际情况是什么样呢？这个人是不是被冤枉了？他是不是遭人陷害啊？不经过一番冷静思考就下结论，这样对事情的解决非但没有好处，有时候还能雪上加霜。由此可以看出，能够"制怒"，能不发火，对自己周围的人脉、对自己的事业都有好处，周围的人脉也愿意与你相处。

人脉圈是你事业发展的坚实后盾，可人脉多了，事自然也就多了。各个人脉都为了各自的利益发生争执属于家常便饭。作为构建人，你同样要学会"制怒"，不发火。无论出了什么事，也不管是什么人脉找到你理论问题，你能够保证自己不发火，就能保持冷静的头脑。有个冷静的头脑，你就可以寻找到合适的思路才对付眼前的人脉"对手"。只有这样，你才可以在人脉圈立足，才可以在人脉圈树立起自己的威信。

两个人在争论问题，其中一个人自始至终不发火，一直保持不紧不慢的语速说话，情绪也不激动。相反，另外一个人说话间脑门上暴起了青筋，满脸通红，情绪激动。结果，不长的时间，二人的争论就见了分晓。没有发火的人用稳健的话语很快占据了上风，而情绪激动者很快乱了阵脚，最后竟然大爆粗口……这种争论的关键非常明显，不发火的人在一开始就奠定了自己胜利的基础，而发火的人在开始就乱了思绪，如此可以看到不发火的重要意义。

经营人脉圈是个费心费力的工作，无时不刻需要你具备冷静的头脑，时时刻刻都会有各种各样的事情摆在你面前："大哥大哥，你管不管啊？哪有这样欺负人的？自己做不好，到时候愣是往别人身上推，这叫什么人？"此时，你如果立刻拍案而起，就有可能将事情搞砸，因为实际情况究竟是什么样你还不知道，说不定你还蒙在鼓里。你只有保持稳定的情绪、冷静的头脑，通过细心研究再做出决断："你说的不对，事情根本不是你说的那个样子。是人家没做好还是你自己没做好？走，我们到实地去看看。"这样的决断，最终才会让人脉圈里的人心服口服，你的人脉圈才会越来越兴旺。

因此，能够保证自己遇事"制怒"，不发火，这是你人脉圈兴旺发达的先决条件。也只有你不发火，你才能在自己人脉圈里"无敌于天下"，才会让人心服口服。

社交中不失时机的妥协策略

"妥协"这个词语让人感觉有些贬义，其实不然。有时候，必要的妥协其实是为了获得更大的利益。比如在军事方面，必要的退却也有可能是诱敌深入，也有可能是实力不佳，是自己一方必须要采取的战略措施。假如坚决不后退，就有可能被对方一举歼灭。此时的妥协，保存了自己的实力，也摸清了对方的战略意图，为下一次作战做好了准备。政治上也是如此，在合适的时机做政治上的妥协能够博得大多数人的同情，能够让自己的政治力量增强。因此，必要的、不失时机的妥协绝对是门技术，能够体现当事人具备战略眼光。

不失时机的妥协在人际交往方面同样能发挥更大的作用，关键时刻的妥协能够将更好的人脉吸取到人脉圈里，让自己的人脉关系网更加壮大。"兄弟，今天看你的面子，哥哥我忍下这口气行不？不就是那么点事吗？哥哥我让一让，我不跟他计较了。不过，我可是看兄弟你的面子啊！"

| 社交简史 |

"哥哥，话说到这份上，我还能说什么？兄弟肯定记住哥哥这份情。那一头，我去说他。其实这件事大家都能看出来，就是怨他。如今哥哥反而忍了。哥哥放心，我让他给你道歉。"

一来二去，你的妥协策略不仅让中间调解人为之感动，还让对方也自愧不如："哥哥，兄弟我错了。今天我真正地了解了哥哥的为人。哥哥你大肚能容，兄弟我佩服。今后，哥哥如果用得着兄弟，尽管开口，那就算是看得起兄弟。"

这样一来，不仅自己的人脉圈没有因此而遭受损失，反而让几条人脉的关系更加密切。"这位哥哥真好，遇事能为兄弟着想，可交！"这样的话在人脉圈里传颂，无意间就是为你做了人脉广告，肯定会让你的人脉关系网更加兴旺。

相反，一味地倔强，九头牛也拉不回来的脾气，强硬到底，看似非常刚强，其实会把事情搞砸。"凭什么让老子妥协？这事还不是明摆着吗？我妥协那就成缩头乌龟了。兄弟你告诉他，别让他做梦。这件事，他要不跟老子道歉，看老子不扒了他的皮才怪。"这样的口气不仅会激怒对方，即便是让中间调解人听了也脊梁骨发凉："这事还怎么管啊？一口一个老子，连我都骂了！得了，他们闹吧。"随后把话直接传过去了。如此一来，双方矛盾必将升级。

这样的倔强，如此的丝毫不妥协，一味地倔强下去，最终结果肯定是两败俱伤，自己的人脉关系网必将遭受损失，还会在剩下的残破的人脉圈里留下不好的印象。"这人不行啊！就这样的脾气性格还能成就事业？算了吧，我看出来了，他根本不像成就大事的人。"这样的话语在人脉圈里传播，不长时间你的人脉圈就会烟消云散。

因此，在人际交往方面不失时机地妥协，绝对是一门技术，也是一门艺术，更是一个策略，能够最大限度吸取人脉，将更多的人脉团结在自己周围，为自己的事业发展出力。

社交中的信任不等于轻信

朋友间的交往必须建立在相互信任上，不然这样的交往就形同虚设。互不信任的交往，双方坐在一起必定"话不投机半句多"。这样不会成为真正的朋友，原因就是双方不论谁有了困难，都不会引起对方的关注和丝毫的同情。因此，人际交往必须要建立在互相信任的基础上，这才是真正的朋友，有了事大家都会来帮忙，互助友爱，这样的人脉圈才是有人情味，才会吸引更多、更加优秀的人脉加入其中，才会成为事业发展的真正动力。

信任是人际交往的基础，只有互相信任，朋友间才可交往下去。不过，社会是复杂的，人脉同样也复杂。人的性格脾气多种多样，这就需要你在人际交往过程中多个心眼：信任是必须的，但也不可以轻信。餐桌上胸脯子拍得"咕咚咕咚"直响："放心吧哥哥，这事尽管放到肚子里。不就是那个批文嘛？小意思，全抱在兄弟我身上。这样，明天……明天我把批文交到你手上！这点小事算个啥……别忘了我舅舅是谁？"此时你要注意，酒桌上的话不要轻易相信。假如明天那位兄弟真的把批文交给你，那这个朋友不是空口白话。可是万一到了第二天，你把电话打过去。"啊？有这事吗？哎呀，昨天喝多了。不好意思啊！批文这事……这事太大……要不你先找其他朋友试试？"其实，细想一下，这类的朋友还真不少。当面酒后吹的大话震天响，其实办事能力不是一般的差。

信任和轻信属于两个概念，需要人际交往者细心判断，根据目标人脉的性格、脾气、人文背景等全方位条件做出综合判断。比如，此人的确在办事方面有能力，但他答应之后因为某方面的原因结果把事情办砸了。"真是不好意思。本来……说好的事，结果，变卦了。没办法，怪我，我对这件事负责。"这种情况下，你需要继续信任，你之前的信任也不属于轻信。然而，有些人脉不一样，平时吹大话，很少办实事，你绝对不可以轻信这样的人。

人际交往是个复杂的过程，人的性格不仅多种多样，而且也在不断发生着变化。这就需要人脉圈构建者时时刻刻留心所有人脉，细心判断人脉的言辞，在信任和轻信之间做出必要的选择。为了事业的发展，为了人生的辉煌，你需要为此付出艰辛的劳动和辛勤的汗水。

社交是一种修行

在人际交往方面有时候会遇到这样的事，人脉圈好多人脉都在劝你在某件事上应该怎么办，你死活想不通："大家都别劝我了，我怎么感觉这件事也不能随便答应。这样吧，让我自己静一静行不行？"自己坐下来，然后认真想一下，依然感觉不能答应。可此时有个朋友点了一下："大哥，你就换位思考一下不就行了？"这一点，你忽然间豁然开朗，结果，形势急转直下，这件事顺利解决。

中国有句俗语："当局者迷，旁观者清。"这句话非常明显地说明当事人的心态犹如下棋的双方，往往是当事者迷。当时的棋局如何，下棋人只顾苦苦思索，一心寻找合适的招法，妄图让自己的棋局反败为胜，殊不知自己的棋子已经处于对方的包围之中。此刻，因为下棋者苦于破局，已经失去了全局观念，所以处于迷惑之中，而此时旁边看棋的人心里非常清楚。假如将这句话应用到人脉圈里，当事人同样因为事情紧急会失去全局观念，此刻清醒的只有人脉圈里的朋友。当事人或者听从人脉圈里朋友的劝告，或者换位思考一下："哎呀——对啊，这么一来，不但周围的朋友们会因此而受益，还能因此而结交好多朋友。我的人脉圈也会因此而发展壮大啊。我怎么就没有想到呢？"

在军事上，除了设立指挥官以外，往往还要设参谋处，其目的就是让参谋长站在全局的观念上给当局的指挥官出谋划策。有时候，一次巨大的战役还要临时调换指挥官，其目的也是为了让前线指挥官换位思考一下。

人际交往不同于军事，但其中内涵的道理都是一样的。人脉圈里出现一件涉及面比较广的大事，涉及的人脉比较多，考虑到人情关系错综复杂，当事人就会因此而迷惑也属于正常现象。"这事万万不可答应，不然我对不住人脉圈里的朋友兄弟。"此时此刻，当局者肯定想不通，他内心已经被当前的局势以及涉及的人情关系所迷惑，无论如何感觉这件事不能轻易答应下来。此时，当局者已经失去了全局观念，而具备全局观念的是他周围的人脉朋友，他们此刻也在想办法劝说当局者。眼下，最好的办法就是让当局者临时静一下，换个角度或者换位思考这件事。这样一来，当局者的全局观念就会出现，因为他站的高度已经不同了，事情就会顺利解决。

其实，生活中这类事非常多，"事到头迷"的现象比比皆是，于是就流行一句俗语："听人劝，吃饱饭。"道理都是一样，都是在奉劝当局人，遇到迷局的时候，换个角度思考一下，事情说不定就会豁然开朗。周围奉劝你的朋友，都是你人脉圈里的兄弟，都是在为你的事业发展出谋划策，因为你的事业成功了，对他们各自的事业也有帮助。

人情练达即文章

"人情练达"绝对是一门艺术，是当事人在人情世故方面取得丰富经验之后才到达的一种境界。一般情况下，初出茅庐者很难达到这种水准。经营人脉关系网犹如掌管一家公司，需要带头人将公司上下的员工紧密团结起来，一心为了公司的发展去拼搏，最终让大家都能从中获得利益。管理人脉关系网也是一样，同样需要经营者精心管理，让圈里的人脉一心为事业发展做贡献。事业的兴旺发达，肯定对圈里人脉各自的事业发展都有所帮助。

由此我们会想起《三国演义》里边描写的著名政治家刘备。刘备的人脉圈起初也不过关张两位大将，但后来在刘备的苦心经营下，最终兴旺发达，文有伏龙凤雏，武有关张赵马黄，事业得到了辉煌的发展。细心观察一下刘备经营人脉圈的经验，他已经做到收放自如、人情练达的地步。或者说，刘备在经营人脉圈这方面已经达到了如火纯青的地步，才让自己的事业兴旺发达。当初，刘备在新野，徐庶慕名进入了刘备的人脉圈，给刘备的事业发展起到了里程碑式的作用。但是，由于曹操的手段，最终徐庶脱离刘备的人脉圈去投奔曹操。刘备此时表现出了超出一般人的大度，真正做到了收放自如，他非常礼貌地将徐庶送给了自己的政敌曹操。正因为刘备的这种人脉处理方法，最终让徐庶向刘备"走马荐诸葛",替刘备谋划了一条好人脉,最终让刘备的人脉圈发展壮大,成就了辉煌的事业。

　　从刘备经营人脉圈的经验可以看出,收放自如是很重要的一条经验。有的人脉圈构建者做不到这一点。当看到好的人脉进入自己的人脉圈,他就非常高兴。可是,有时候,自己人脉圈里的某个人脉因为某些客观原因要"投奔他方",他就会因此而不高兴:"这人怎么这样啊?做的好好的,马上就要走。是不是哥哥我哪里得罪你了?不然干嘛要走?好好好……走了你就别回来!"这样处理人脉关系就不是收放自如,肯定会伤害"要走"人脉的心:"我又不是故意要走的,我是真有事。想当初,我跟着他干得也不错,想不到在我有事要走的时候这样对我。"这样的言辞肯定会在人脉圈里流传,肯定会对人脉关系网的发展带来害处。

　　因此,在人脉关系处理方面,还是多看看《三国演义》中刘备的处理方法,收放自如,最终做到人情练达的地步,让自己的人脉圈兴旺发达。

　　收放自如绝对是一种境界,需要经营人脉圈的人好好学习,提高自己的水准,让自己也做到人情练达的水准。

后 记

  不知不觉中，2018 年就要结束了。从最初的一个构思，到仓促提笔，从写就初稿，到反复修改……近百个日日夜夜的奋战，终于有了大家面前这本《社交简史》。古人说得好，文章千古事，得失寸心知。文章离开作者的笔端时，还只是个呱呱坠地的婴儿，它恰似璞玉，离不开高明的读者的审视、把玩与雕琢，用评论家们的话说就是再创作，即在读者的品读过程中赋予它更多的意义，读者与作者的交流也籍以完成。我希望在未来的某一天，在一个陌生的地点，遇到一个陌生的人，我们相谈甚欢，相见恨晚。当我聊起这本书时，他也恰恰读过，并且给我以教益！对一个作者来说，这是何等的欣慰！当然，更令人欣慰的是，本书能够切实地帮助到更多人。我们下本书见！